U0563442

上海研究院智库报告系列

丛书主编　李培林

SHANGHAI

创意经济

上海经济增长新动能

GREATIVE ECONOMY:
NEW DRIVER OF SHANGHAI'S ECONOMIC GROWTH

夏杰长　刘维刚　刘晓东／编著

社会科学文献出版社
SOCIAL SCIENCES ACADEMIC PRESS (CHINA)

"上海研究院智库报告系列"编委会

主　编　李培林

副主编　李友梅　文学国　周国平

编　委　熊　厚　杨会军　陈　瑶　朱　承

目 录
CONTENTS

第一章　导论 / 001

　　一　研究背景 / 001

　　二　创意经济的基本概念 / 007

　　三　研究框架 / 011

　　四　本章小结 / 014

第二章　上海创意经济概况 / 015

　　一　引言 / 015

　　二　上海文化创意产业整体发展概况 / 016

　　三　行业发展——传媒、文化和艺术 / 024

　　四　城市比较和机制分析 / 050

　　五　本章小结 / 057

第三章　上海创意产业集聚分析 / 061

　　一　引言 / 061

二　创意产业集聚理论和测度 / 062

三　上海创意产业集聚分析 / 069

四　长三角创意产业集聚研究 / 084

五　本章小结 / 092

第四章　上海创意产业联动研究 / 093

一　引言 / 093

二　产业联动相关研究 / 094

三　上海创意产业联动效应分析 / 096

四　产业联动效应的横向比较分析：北京和上海 / 108

五　企业发展分析：以规模以上文化服务企业为例 / 112

六　本章小结 / 116

第五章　推动上海创意人才高地和创意城市建设 / 118

一　引言 / 118

二　创意人才、创意城市与创意经济发展 / 120

三　上海打造世界创意人才高地 / 134

四　建设上海一流创意城市 / 144

五　本章小结 / 158

第六章　发达国家创意经济发展经验 / 159

一　引言 / 159

二　世界创意经济发展现状与特点 / 160

三　发达国家创意经济发展经验 / 163

四　本章小结 / 184

第七章　促进上海创意经济发展的政策与建议 / 186

　　一　政策总结 / 187

　　二　主要任务 / 189

　　三　重点举措 / 195

　　四　保障措施 / 203

　　五　本章小结 / 205

后　记 / 206

第一章　导论

一　研究背景

（一）创意经济与中国经济发展

自改革开放以来，我国经济在高速增长的同时，产业结构不断发生变化。服务业对经济增长的贡献度不断提升，在国民经济中的地位日趋重要。2012年我国服务业（第三产业）增加值首次超过第二产业，2015年服务业增加值占GDP比重首次超过50%，2016年这一比重达51.6%[1]。文化创意产业[2]作为服务业的重要组成部分，在服务业中的地位不断提升，对我国经济增长发挥着重要作用。2014年文化创意产业占服务业增加值的比重达7.77%，而在2008年这一比重仅为5.58%[3]。在文化创意产业和服务业高速增长的同时，我国经济进入新常态，增长速度不断下行，2010年GDP增长速度为10.3%，

---

[1] 数据来源：国家统计局。下文中除特别注明外，数据来源相同。
[2] 此处，文化创意产业主要是指文化及相关产业。在第二章中，我们将详细介绍文化创意产业与创意经济这两个概念的异同。
[3] 根据《中国文化及相关产业统计年鉴》计算得出。

而 2016 年下降至 6.5%。也就是说，在我国整体经济增长步伐放缓的同时，以文化创意产业为重要内容的服务业增长速度不断提升，对经济增长的贡献越来越大。

我国经济发展过程中，产业融合程度不断提高，文化产业正越来越融入实体经济。随着我国新型工业化、信息化、城镇化和农业现代化进程的加快，文化创意和设计服务已贯穿于经济社会各领域各行业中，呈现出多向交互融合的态势。随着我国经济结构的不断调整和发展方式的转变，国家对文化创意产业与相关产业的融合越发重视。2014 年 3 月，国务院出台《关于推进文化创意和设计服务与相关产业融合发展的若干意见》，认为"推进文化创意和设计服务等新型、高端服务业发展，促进与实体经济深度融合，是培育国民经济新的增长点、提升国家文化软实力和产业竞争力的重大举措，是发展创新型经济、促进经济结构调整和发展方式转变、加快实现由'中国制造'向'中国创造'转变的内在要求，是促进产品和服务创新、催生新兴业态、带动就业、满足多样化消费需求、提高人民生活质量的重要途径。"2016 年 11 月，国务院印发《"十三五"国家战略性新兴产业发展规划》，特别强调"以数字技术和先进理念推动文化创意与创新设计等产业加快发展，促进文化科技深度融合、相关产业相互渗透。到 2020 年，形成文化引领、技术先进、链条完整的数字创意产业发展格局，相关行业产值规模达到 8 万亿元。"

当前我国产业结构调整和经济增长转型升级需要新的推动力，而以文化创意产业为核心内容的创意经济则不断凸显其对我国经济增长的贡献。与此同时，国务院等相关部门也已把文化创意产业作为推动产业融合、新兴产业发展和创新增长的重要内容。在这个大背景下，深入剖析文化创意产业对经济增长的作用机制具有重要的实际意义。

（二）创意经济与上海经济增长

2010年上海被联合国教科文组织授予"创意城市——设计之都"荣誉称号，成为全球第7个以设计为主题的创意城市。2010年9月，中共上海市委办公厅发文《关于建立上海市文化创意产业推进领导小组及办公室的通知》，成立上海市文化创意产业推进领导小组及办公室（下称领导小组），包含市委宣传部等共22家单位。为推进上海市文化创意产业健康有序发展，领导小组制定了一系列规划纲要，协调各相关职能部门等一系列工作，比如，制定《上海市设计之都建设三年行动计划（2013-2015）》，设立财政扶持资金推进创意产业发展等。总体而言，上海市创意经济取得了重要发展，但为加强整合资源、发挥比较优势、充分把握经济全球化浪潮和国家政策红利，需要进一步总结上海创意经济发展过程中的优势与不足。

图1-1描述了2005~2014年间上海经济增长情况。首先，上海市经济总量占全国经济总量比重在下降，上海第三产业占全国第三产业比重也呈现下降趋势。2005年，上海市GDP占全国GDP的比重为4.97%，而到了2014年逐步降低至3.71%。同样地，上海市第三产业增加值占全国第三产业增加值的比重由2005年的6.21%降低至2014年的5%。10年间，上海GDP和第三产业占全国比重分别下降了25.4%和19.5%。其次，上海市GDP和第三产业的增长率呈下降趋势。2005年，上海市GDP和第三产业的增长率分别为11.4%和12.8%，而到了2014年分别下滑至7%和8.8%，下降幅度分别达38.6%和31.3%。GDP和第三产业增长速度的下降并非是上海独有的特征，而是全国经济转型所呈现的普遍特征。全国GDP和第三产业下降幅度分别为35.4%和36.6%。与

全国相比，上海市经济增长略领先于全国整体水平，但优势并不明显。

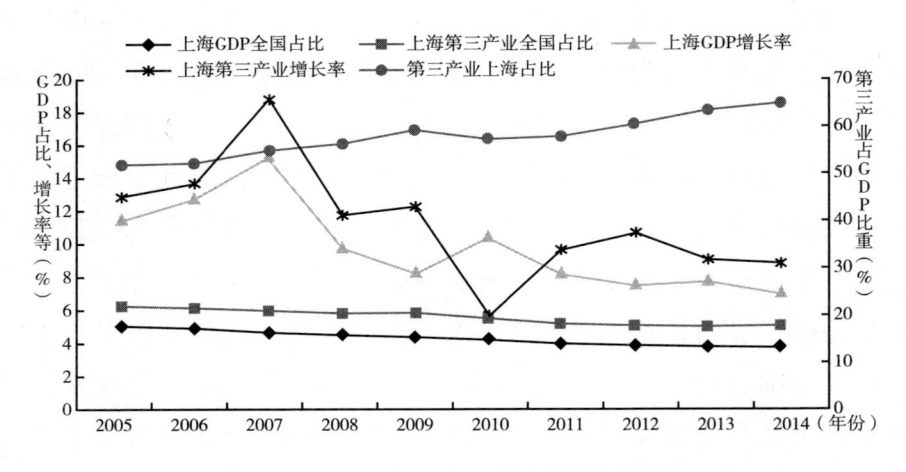

图 1-1　2005～2014 年上海市经济增长情况

根据经济增长理论，在经济增长初始阶段增长速度会较大，而随着经济水平不断提高，经济增长速度不断放缓。上海市经济发展水平一直领先全国，经济增长放缓是经济发展规律的必然要求。在新古典经济增长理论中，经济增长的动力来源于技术进步，而技术进步是外生假设给定。内生经济增长理论框架下，技术进步取决于人力资本和物质资本对技术进步的投资。也就说，在新的增长理论框架下，创意经济所包含的经济活动是否如人力资本和物质资本投资一样促进了社会技术的进步？如果创意经济的发展的确促进了技术进步，那么我们认为创意经济是经济增长的动力之一。图 1-1 还表明，虽然上海 GDP 在全国的比重相对下降，但是下降的速度要小于第三产业。另外，上海市第三产业占 GDP 比重由 2005 年的 51.65% 上升至 2014 年的 64.82%。这充分表明，第三产业早已成为上海市经济发展的重要支柱。

联合国教科文组织《创意经济报告2008》明确提出,"创意经济作为一种新的发展范式正在兴起,它把经济和文化联系在一起,在宏观和微观水平上包容了经济、文化、技术和社会发展的各个方面。对新范式而言最有影响力的事实是:创意、知识和信息日益成为全球化世界中推动经济增长和促进发展的强大动力。"那么作为第三产业重要组成部分的创意经济,是否能够成为第三产业发展的重要支柱,进一步促进上海市经济在转型升级中再造新动力?

(三)创意经济与上海城市竞争力

城市竞争力的概念可以追溯至早期的城市竞争理论,主要涉及人才竞争、资本竞争、科技竞争等十余个方面。评价城市竞争力的强弱,则主要是对这些竞争力进行赋值、比较,然后构建相应的评价体系对每个城市赋值,从而进行城市间比较。文化创意产业具有鲜明的文化特性,其具有传统产业不具有的优势,在提高城市经济实力、优化产业结构、提升城市形象等方面都产生重要影响。文献中,文化创意产业主要通过产业结构、劳动就业、城市综合服务等方面来提升城市竞争力。

首先,文化创意产业提升了城市经济实力。文化创意产业以其极大的创新性,通过将创意融入城市传统的产业之中,促进了城市传统产业的升级改造,有利于进一步调整产业结构和城市经济发展。文化创意产业具有强大的渗透性,可以增加传统产业的文化附加值,提升产品和服务的价值,给城市经济增长带来升级效应。文化创意产业以创意为核心要素,创意的运用能将各种自然和人文等资源有效地转换为经济发展的资本,如文化创意产业可以通过人类创造力的发挥,把一些具有历史积淀的物质载体、神奇的民间传说加以开发利用,赋予其全新的价值,从而促进城市经济增长。

其次，文化创意产业提升了城市文化创新能力。城市文化象征着城市的品格，体现着城市精神，城市文化为城市综合实力提供精神动力和智力支持，实现经济价值，提升城市形象。城市文化的这些功能，主要通过文化创意产业来实现，文化创意产业对城市文化的创新主要体现在对城市文化内容、形式的创新。全球化趋势是一把"双刃剑"，一方面，使各个国家城市的文化在不断交流、融合，给一个城市的文化发展带来更多的元素，丰富着本地区城市文化内容，促使城市文化内容的创新；另一方面，使本土文化也受到一定程度的冲击，通过发展本国的文化创意产业，可以将新的创意注入传统的文化之中，使传统文化得到继承和发扬。伴随着科学技术的发展，数字信息技术应用于文化创意产业的产品和服务之中，促使文化形式不断创新。总之，文化创意产业促使城市文化内容和形式不断创新，提升城市文化的价值。

第三，文化创意产业提高城市环境吸引力。文化创意产业以其无污染、高知识密集、高附加价值特点，能够不受土地、资源相对稀缺的限制。在环境急剧恶化的情况下，文化创意产业对协调经济发展和环境保护来说具有得天独厚的优势，是最有利于实施可持续发展战略的产业。文化创意产业提高城市环境的吸引力，是通过创意者个人的创造性来实现的。文化创意者由于经济条件的限制，往往把城市废旧厂房、老仓库作为其创业基地，这些地区往往由于交通便利、地区特色明显，很快成为城市活跃的文化中心，如北京著名的"798"。这样既保留了具有历史文化价值的建筑，又为城市增添富有本土特色的文化景观，美化了城市的环境，提高了城市环境对外吸引力。

上海的一个发展目标是：在2020年基本建成"四个中心"和社会主义现代化国际大都市的基础上，努力建设成为具有全球资源配置能力、较强国际竞争力和影响力的全球城市，打造中国经济升级版。文化创意产业的发展则是上海实现其发展目标的重要推动力。

二 创意经济的基本概念

（一）基本定义

准确界定创意经济的内涵和外延是研究如何把创意经济培育为上海市经济增长新动力的前提。与创意经济相类似的概念有文化产业、创意产业、文化创意产业等。在学术界，就相关概念的定义有广泛的讨论。在学术渊源上，文化产业发轫于法兰克福学派。创意经济这一概念被明确之前，文化产业这一概念较早被提及，主要指"通过借助现代科学技术手段，依靠大规模地复制而形成的娱乐产业体系，这一体系是以商品化的、非创造性的文化产品为主体"。联合国教科文组织也以文化产业这一概念定义相关文化活动：按照工业标准生产、再生产、储存以及分配文化产品和服务的一系列活动，包括报纸杂志业、影视音像业、出版发行业、旅游观光业、演出娱乐业、工艺美术业、会议展览业、竞技体育业、教育业、培训业等诸多方面。

直至20世纪90年代，英国政府在《创意产业路径文件1998》（以下简称《文件》）中首次给出了创意产业的定义，创意产业是指"那些源于个人创造力的技能和才华，能够通过知识产权的开发和运用，可以充分发挥创造财富的潜力以及增加就业机会的行业的集合"。《文件》给出了创意产业具体包含的行业和领域：广告、建筑、艺术和古董市场、手工艺品、设计、时装设计、电影与音像、互动休闲软件、音乐、表演艺术、出版、软件和计算机服务及电视广播等。"创意产业之父"霍金斯从知识产权的视角定义了创意经济，认为创意产业的相关产品及服务均在知识产权法的保护范围之内，创意产业就是生产这种产品和服务的经济部门的组合。他又把知识产权共分为四大类：专利、版权、商标和设计。知识产权法的每一种分类形式，都有相应的庞大的工业与其相对应，这四种工业相结合所形成的创造性产业和创造性经济就是创意产业。

学术研究中主要有两种主张：一是认为创意产业与文化产业内容是重合的，创意产业是文化产业的一部分，是文化产业发展的高级阶段；二是认为创意产业是对文化产业的超越，创意产业已经不仅局限于文化领域，还是所有产业的高端部分。本报告中，并不刻意去区别文化产业、创意产业、创意经济，关键在于界定好文化创意产业的门类和统计口径，在比较产业间、城市和国家间创意产业发展时有基本准则即可。

为建立科学可行的文化产业统计，规范文化及相关产业的范围，2004年国家统计局依据《国民经济行业分类》（GB/T4754—2002）制定了《文化及相关产业分类》，并作为国家统计标准颁布实施。从实施情况看，以此分类为基础开展的统计工作反映了我国文化产业的发展状况，为文化体制改革和文化产业发展宏观决策提供了重要的基础信息。由于新的《国民经济行业分类》（GB/T4754—2011）的颁布实施、《2009年联合国教科文组织文化统计框架》的发布，文化新业态不断涌现，2012年国家统计局对《文化及相关产业分类》进行了修订。

表1-1描述了我国对文化及相关产业的分类情况。根据分类内

容可以判断，我国创意经济主要是指文化创意产业，包含文化产品的生产和文化相关产品的生产两个层面。我国对创意经济的统计主要是基于《文化及相关产业分类》中所归类行业的统计代码，然后综合整理可得创意经济的总产值和增加值等经济指标。本报告所分析的上海市及我国创意经济的相关数据皆以《文化及相关产业分类（2012）》为基准。

表1-1 文化及相关产业分类

序号	类别名称	主要内容
1	新闻出版发行	新闻服务、出版服务、发行服务
2	广播电视电影	广播电视服务、电影和影视录音服务
3	文化艺术	文艺创作服务、图书馆和档案服务等
4	文化信息传输	互联网信息服务、增值电信服务、广播电视传输服务
5	文化创意和设计	广告服务、文化软件服务、建筑设计服务等
6	文化休闲娱乐	景区游览服务、娱乐休闲服务等
7	工艺美术品的生产	工艺美术品的制造、销售等
8	文化产品生产的辅助生产	版权服务、印刷复制服务、文化经济代理服务等
9	文化用品的生产	办公用品的制造、乐器的制造等
10	文化专用设备的生产	印刷专用设备的制造、广播电视电影专用设备制造等

注：根据《文化及相关产业分类（2012）》整理。

文化创意产业是一种特殊的产业组织形式，既继承了传统产业的共性，又有其独有特征。文化资本和知识资本是文化创意产业的核心要素，其通过技术手段实现核心要素的链接，具有经济性、社会性、创新性和关联性等产业特征（冯臻，2016）。首先，与传统产业形式相比，文化创意产业的发展主要依赖于文化内容资源和智力投入，而非物质形态的资源，由于投入的边际成本相对较低，若文化创意产品或服务被市场接受后会有巨大边际收益，即其经济回报较高。其次，文化创意产业的萌芽、发展和繁荣与社会经济发展程度相匹配。一方面，文化创意产品或服务的消费满足了人们精神等方面的高端需求。另一方面，人们在满足基本生活需求后有较高层次的生活需求反过来刺激了文化创意产业的发展。再次，文化创意产业的一个重要特征是创新性。离开了创新，文化创意产业与传统产业将并无二致。文化创意产业源于创意者对文化内容要素的创新，并经过高科技的加工后形成具有生产和市场规模化潜力的产业。创意者创造性的智力劳动是文化创意产业的要素投入。最后，文化创意产业具有跨产业的关联性。文化创意产业不是单独存在的产业，而是与制造业、服务业高度融合的产业，其创意和创新通过制造产品和服务予以体现。因此，本课题研究将侧重文化创意产业这几个方面的特征，并以不同视角深入分析。

（二）创意经济与经济增长

增长是经济学研究的一个核心议题。根据文献，增长理论的研究主要可以分为三个阶段：古典经济增长理论、新古典经济增长理论和内生增长理论。内生增长理论中，放松了古典经济增长理论中技术进步外生给定的假说，而是作为资本、劳动等投入的内生动态变量，重视技术创新。

首先，创意经济直接促进人力资本的积累。相比传统经济，创意经济更注重个人创意和创新。当社会上有更多人因人力资本的收益而模仿时，实际上就意味着将有更多人选择以智力活动而非体力活动为主要方式谋生，从整个社会角度来看，促进了整个社会人力资本的积累。

其次，创意不存在边际收益递减问题。知识的消费不遵守边际收益递减规律，贡献知识的人只损失闲暇。灵感作为创意产业的起点，所以能提供创意成果者也只损失闲暇，并不遵守收益递减规律。也就是说，创意和知识的消费遵循的共同规律，就是创意活动受到市场激励越多的人，专业技能反而可能更高，相比之下，维持创意活动的成本是稳定的，即供养一个有创意才华的人的物质生活成本的变动一般不会太大，说明创意不存在边际递减问题。

综上，可以认为创意经济是经济增长的内在动力。如何充分发挥创意经济在人力资本积累和边际收益递增方面的作用，是其能否成为上海经济增长又一新动力的重要问题。这也是本课题所关注的核心问题。

三 研究框架

（一）研究方法

本书的研究主要采用数据分析、对比研究、案例采集和实证分析等方法。

数据分析。本书主要搜集了全球、中国、上海等相关数据，从纵向和横向两个维度在动态和静态两个层面上分析上海创意经济的现状、面临的问题等。

对比研究。对比研究涉及三个层面：中国与全球发达国家的比较分析，上海与北京等国内重要创意城市的比较分析，"长三角"区域与"珠三角"等区域的比较分析。

案例采集。在分析上海创意经济过程中，在每一个章节中都会根据具体的分析内容插入相应的案例研究。

实证分析。这主要是指通过中国投入产出表、上海投入产出表深入分析创意经济对上海经济增长的贡献以及比较分析上海与其他城市的差异程度。

（二）研究路线

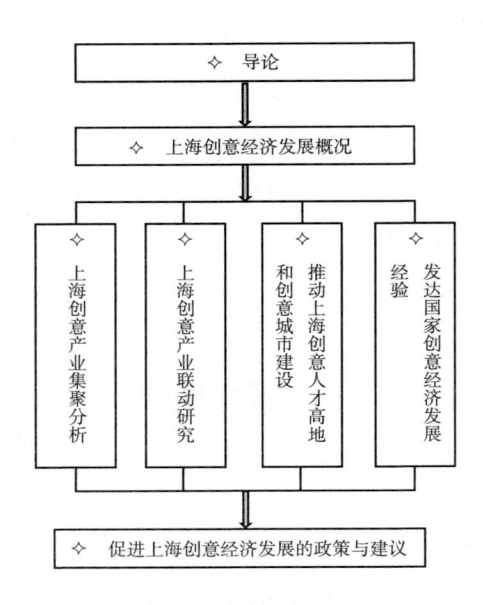

```
导论
  ↓
上海创意经济发展概况
  ↓
┌──────────┬──────────┬──────────────┬──────────────┐
│上海创意   │上海创意   │推动上海创意   │发达国家创意   │
│产业集聚   │产业联动   │人才高地和创意 │经济发展经验   │
│分析       │研究       │城市建设       │              │
└──────────┴──────────┴──────────────┴──────────────┘
  ↓
促进上海创意经济发展的政策与建议
```

图1-2 本书结构安排和逻辑关系

（三）研究内容

本书共有7章，结构安排和逻辑关系如图1-2所示。我们立足上海，着重剖析创意经济对经济增长的作用机制，从而提出把创意经济作为上海经济增长新动力的战略思路和实施路径。本研究的主要问题有上海创意经济发展的整体概况、上海文化创意产业集聚分析、上海创意产业联动研究、上海创意人才和创意城市建设、发达国家创意经济发展经验等。

第一章：本章为导论部分，介绍本书研究的背景、研究的内容和研究的框架。

第二章：本章除引言外分为4个部分。首先，介绍上海文化创意产业发展的整体水平，并剖析文化创意产业结构状况。其次，深入分析上海传媒、文化艺术等行业的发展状况。再次，比较北京和上海文化创意产业发展情况，然后探讨上海文化创意产业发展的机制。最后，总结本章研究的内容。

第三章：本章主要分为5个部分。第一，总结了文化创意产业集聚的相关理论和实证研究，这是分析本章内容的前提和基础。第二，分析上海创意产业集聚的状况，特别是文化创意产业园区的建设情况。第三，基于区域发展的视角，把上海文化创意产业的集聚置于长三角城市群的研究当中。第四，比较分析北京和上海文化创意产业集聚的情况。第五，总结本章研究内容。

第四章：本章除引言外主要分为5个部分。第一，介绍文化创意产业联动的相关理论和实证研究。第二，基于2012年上海最新投入产出表分析上海文化创意产业的产业联动关系。第三，横向比较分析北京和上海产业联动的差异性。第四，简明扼要地介绍上海规模以上文化服务企业在全国的位置情况。第五，总结本章研究。

第五章：本章除引言外主要分为4个部分。首先，介绍创意人才、创意城市和创意经济发展的相关理论和实证研究。其次，分析上海打造世界创意人才高地的基础、挑战和困难等，然后给出相关的路径可行性分析。再次，分析上海建设世界一流创意城市的基础、挑战和困难等，然后给出提升创意城市竞争力的相关分析。最后，总结本章。

第六章：本章除引言外主要分为3个部分。首先，介绍当前世界文化创意产业发展的现状和特点。其次，分别介绍美国、英国和韩国创意经济发展的现状、特征和相关经验等。最后，总结本章研究内容。

第七章：本章除引言外主要分为4个部分。首先，总结中国和上海创意经济发展的相关政策，并介绍文化创意产业制定的相关原则和理念等。其次，根据当前上海经济发展的重点剖析上海创意经济发展的相关举措。再次，根据全章研究给出推进创意经济作为上海经济增长新动力的战略思路和实施路径。最后，总结本章研究的内容。

四 本章小结

本章为导论部分。首先从中国和上海两个层面分析了本书研究背景，然后从创意经济对经济增长的理论基础、上海创意经济发展概况等5个方面介绍了本书所研究问题的核心内容，最后给出本书所研究问题的研究框架和各章内容简介。

参考文献

胡彬、陈超：《创意产业发展与地域营销——基于城市国际竞争力视角的研究》，上海财经大学出版社，2014。

魏鹏举：《文化产业与经济增长——文化创意的内生价值研究》，经济管理出版社，2016。

王慧敏、王兴全主编《上海文化创意产业发展报告（2015~2016）》，社会科学文献出版社，2016。

张晓明、王家新、章建刚主编《中国文化产业发展报告（2015~2016）》，社会科学文献出版社，2016。

张京成主编《中国创意产业发展报告（2015）》，中国经济出版社，2015。

第二章 上海创意经济概况

一 引言

2010年我国GDP总量超过日本跃居世界第二，人均GNI也已达到中高收入水平。转变经济增长方式，寻找经济增长新的驱动力是我国成功跨越"中等收入陷阱"的战略方向和可行性路径。创意经济在我国工业化、信息化、城镇化和农业现代化进程中起着重要作用，贯穿在社会各行各领域中。而创意经济又具有低能耗、低污染和高附加值等特征，是我国发展创新型经济、调整经济结构和转变发展方式的内在要求。联合国教科文组织和开发计划署联合编撰的《创意经济报告2013》明确指出，创意经济无论是从创造收入、增加就业，还是从出口角度来看，已经成为世界经济发展最快的门类之一。

近年来，随着我国新型工业化、信息化、城镇化和农业现代化进程的加快，文化创意和设计服务已贯穿在经济社会各领域中，呈现出多向交互融合态势。鉴于文化创意产业的高速增长，对GDP贡献不断提升，以及文化创意和设计服务具有高知识性、高增值性和低能耗、低污染等特征，推进文化创意和设计服务等新型、高端服务业发展,促进其与实体经济深度融合,成为国家政策的一个重要目标。2014年国务院颁布第10号文件《国务院关于推进文化创意和设计服务与相关产业融合发展的若干意见》(国发〔2014〕10号),在国家战略层面强调了创意经济的重要性,目标旨在把文化创意产业培育为国民经济新的增长点、提升国家文化软实力和产业竞争力。

图2-1描述了我国文化创意产业增长情况,可以发现文化创意产业增加值不断增加,并一直以较高速度增长。2005年文化创意产业增加值为4253亿元,而2014年已快速增长至2.394万亿元。虽然自2010年以来文化创意产业增长速度有所变缓,但一直保持在11%以上,而且一直高于GDP增长速度。

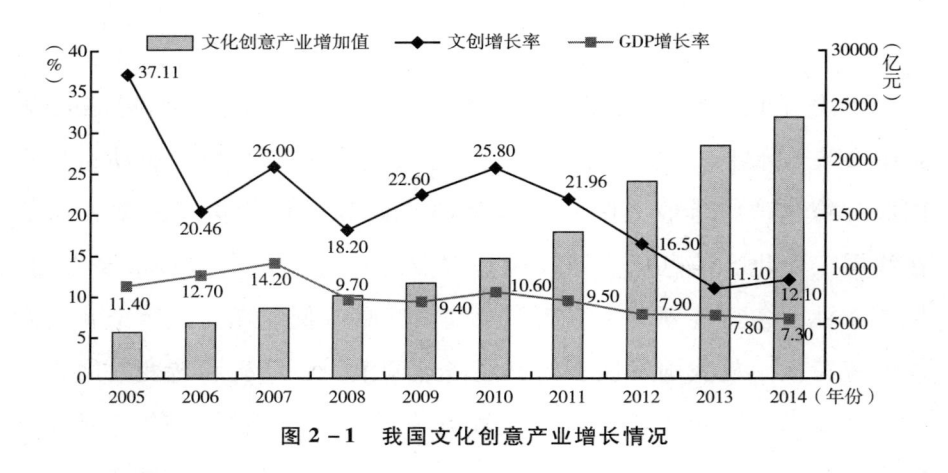

图2-1 我国文化创意产业增长情况

二 上海文化创意产业整体发展概况

(一)整体水平

由于文化及相关产业的统计是基于统计局颁发的《文化及相

关产业分类》中产业编码而完成的，因此存在一定的不准确性。即便上海市近几年公布的文化及相关产业统计数据也存在冲突之处，往往需要进行调整。本报告对上海市创意经济的整体发展概况主要是基于上海市市委宣传部、上海市统计局编制的《上海文化统计概览2015》、历年《上海市文化创意产业发展报告》、上海市和各区县的《统计年鉴》等。《上海文化统计概览2015》中关于2013年和2014年文化及相关产业增加值数据与2014年和2015年上海市文化创意发展报告中的数据不一致，相差比较大。

图2-2描述了2008～2014年间上海市文化创意产业发展状况。显而易见，7年间上海市创意经济取得了较为快速的发展：创意产业产出总值由2008年的4489亿元增长至2013年的9054亿元，增长幅度达101.69%；产出增加值由1276亿元增长至2014年的2833亿元，增长幅度为122.02%。除价格因素外，还需要考察文化创意产业的相对增长状况。图2-3描述了上海文化创意产业增加值占GDP和第三产业增加值的情况。2008～2014年间上海市文化创意产业增加值占本地区GDP的比重分别为9.07%、9.24%、9.75%、10.02%、11.25%、11.46%、12.02%，2014年首次实现了占GDP超过12%，相比于2008年的比重，7年间增长幅度为32.52%。上海文化创意产业增加值占本地区第三产业的比重分别为16.21%、15.57%、17.02%、17.26%、18.61%、18.14%、18.55%，7年间增长幅度为14.44%。数据分析可以发现，文化创意产业已经成为上海市经济增长不可忽视的重要组成部分。特别是，自2011年起上海市文化创意经济占上海市GDP总量超过10%，并一路增长至12%以上，提前实现了文化创意产业"十二五"发展目标。

创意经济：上海经济增长新动能

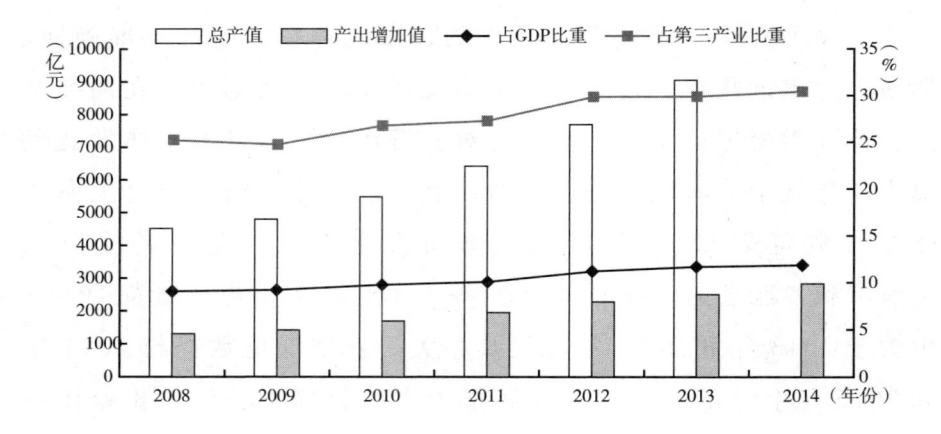

图 2-2　2008~2014 年上海市文化创意经济产出情况

注：根据 2012 年、2013 年《上海市文化创意产业发展报告》整理。

图 2-3 比较了上海和全国文化创意产业发展情况。可以发现，2008~2014 年文化创意产业在全国范围内取得了飞速发展。2008 年，全国文化创意产业占 GDP 比重仅为 2.43%，而到了 2014 年这一比重上升至 3.76%，7 年间增幅达 54.73%。虽然上海市文化创意产业增加值不断提升，占本地 GDP 的比重也在不断上升，但由于全国范围内文化创意产业发展速度较快，因此上海市文化创意产业增加值占全国第三产业增加值的比重相对在降低，由 2008 年的 16.72% 下降至 2014 年的 11.83%。虽然上海市文化创意产业占全国文化创意产业的比重在下降，但必须看到上海市文化创意产业的规模在全国依然领先。

图 2-4 描述了 2014 年上海市文化创意产业增加值构成情况。通过图 2-4 可以发现，上海市文化创意产业中文化创意和设计服务占比最高，达 43%。排在第二位的是文化产品生产的辅助生产，占 14%。第三位是文化信息传输服务，占 12%。第四位的是文化用品的生产，约占 10%。

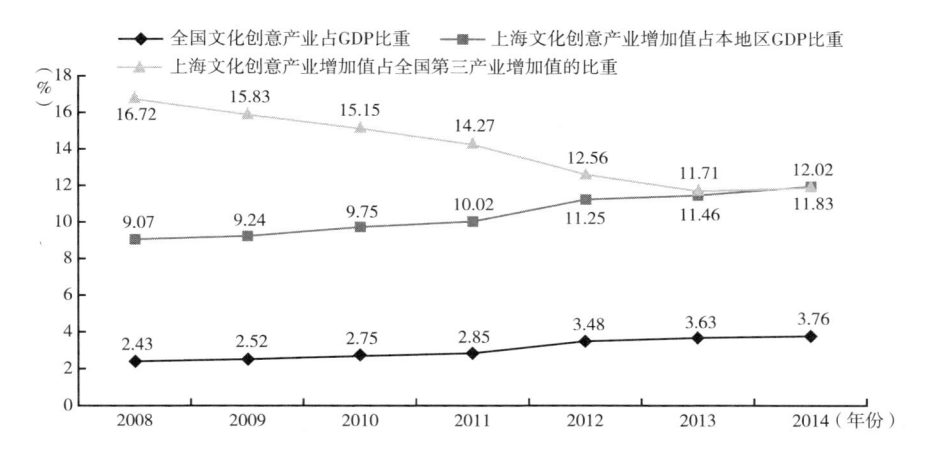

图 2-3　上海文化创意产业增加值与全国比较

注：根据《上海市文化创意产业发展报告》《文化及相关产业统计年鉴》整理。

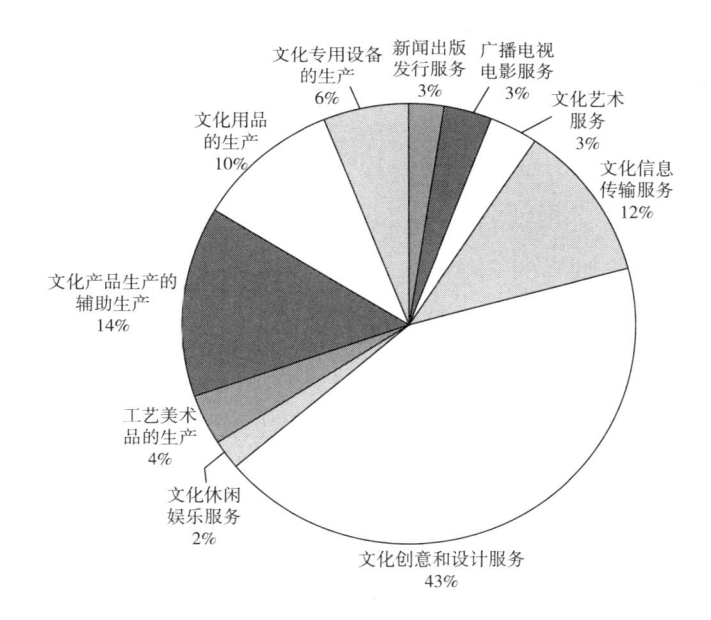

图 2-4　2014 年上海市文化创意产业增加值构成

注：数据来源于《上海市文化统计概览 2015》。

2014年和2013年相比较，新闻出版发行服务、工艺美术品的生产、文化专用设备的生产呈现出负增长，分别为 -1.7%、-6.5%、-18.9%。增速最快的是文化休闲娱乐服务，达17.9%，往下依次为文化产品生产的辅助生产、文化用品的生产、文化创意和设计服务，分别为16.6%、16.2%、12.2%。通过对2014年上海市文化创意产业构成和各相关行业的增速分析可以发现，上海市文化创意和设计服务不仅规模最大，而且增长速度较快。此外，文化信息传输服务、文化产品生产的辅助生产、文化用品的生产等也拥有大的生产规模和快的增长速度。因此，可以认为推动上海市文化创意产业快速增长的行业主要为文化创意和设计服务、文化信息传输服务、文化产品生产的辅助生产、文化用品的生产等。也就是说，这是上海市文化创意产业应该重点发展的行业。

（二）各区县发展状况

1. 浦东新区

浦东新区文化创意产业发展规模领先各区县，取得优异的成绩。2013年浦东新区文化创意产业实现增加值627.34亿元，约占上海市文化创意产业增加值的25.1%。全年规模以上文化创意产业企业营业收入、实现利润、从业人员分别为1728亿元、114亿元和18.4万人，与2012年相比，增加值增长了6.8%。

图2-5描述了2013年浦东新区文化创意产业行业构成情况。软件与计算机服务业占40%，远领先其他创意产业。居于软件与计算机服务业之后的行业依次为咨询服务业、文化创意相关产业、工业设计、时尚设计与制造等。在增长速度方面，工业设计、建筑设计、广告及会展服务全年保持20%以上的增长速度。

浦东新区文化产业重点领域主要包含动漫、数字出版、新媒体、文化贸易和游戏五个方面，2013年实现营业收入117亿元。重点项

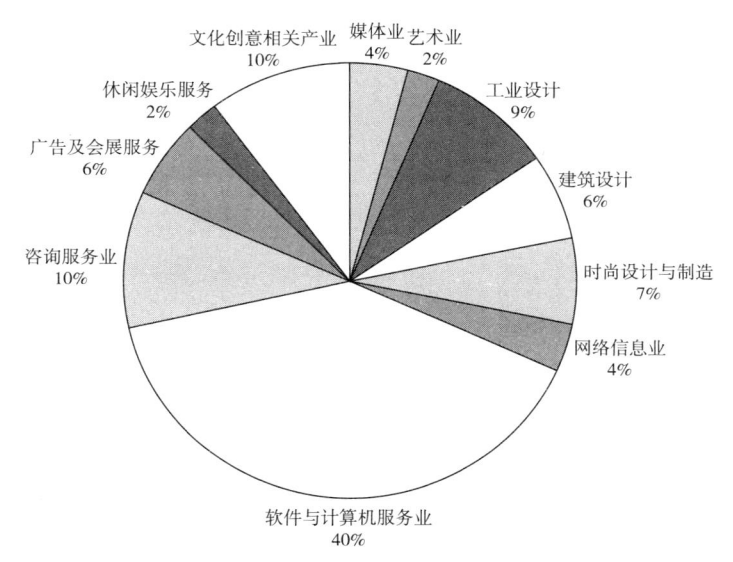

图 2-5　2013 年浦东新区文化创意产业行业构成情况

目持续推进，成效卓著，特别是迪士尼主题公园已于 2016 年 6 月 16 日正式开业，这必将在文化创意产业增加值、劳动就业等方面把浦东新区文化创意产业发展推向新台阶。

浦东新区重点园区有张江国家数字出版基地、金桥网络文化产业基地、国家对外文化贸易基地等。张江国家数字出版基地是上海市认定的第一批文化产业园区之一，是国家新闻出版总署与上海市政府签署部市合作的国家首个数字出版基地。2013 年张江国家数字出版基地产值高达 250 亿元，入住企业数量 400 余家。国家对外文化贸易基地前身是 2007 年由上海市委宣传部和浦东新区共同成立的国际文化服务贸易平台，被文化部授予国内首个"国家对外文化贸易基地"。目前，基地聚集了上海文化产权交易所等 90 余家外向型文化企业。

2. 徐汇区

徐汇区文化创意产业总产出和增加值稳步攀升，在区域经济发展中的作用日趋重要。2013 年徐汇区文化创意产业实现总产出

788.05 亿元，增加值为 170.90 亿元。其中，徐汇区文化创意产业增加值占全市增加值的比重约为 6.8%。图 2-6 描述了徐汇区文化创意产业总产出和增加值的变化趋势。可以发现，徐汇区文化创意产业的增长速度比较快，其中 2013 年增加值比 2012 年增长 14.41%。

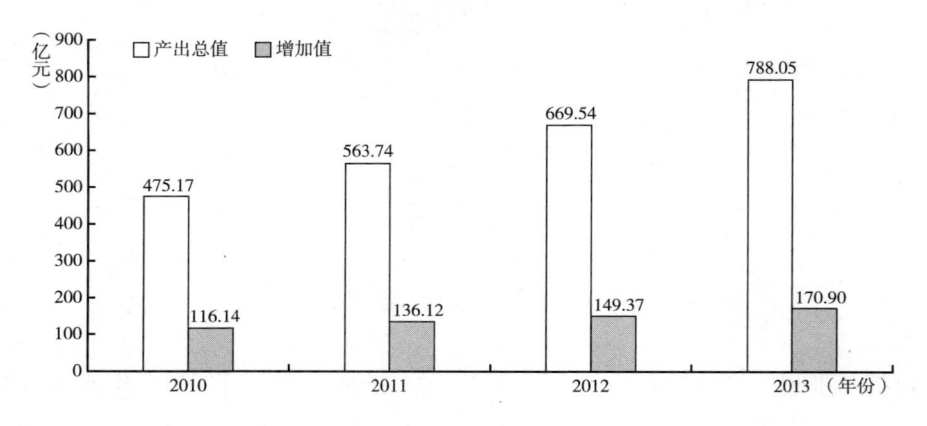

图 2-6 徐汇区文化创意产业产出情况

图 2-7 描述了 2013 年徐汇区文化创意产业行业构成情况，软件与计算机服务业、广告及会展服务、建筑设计占据前三强，属于徐汇区文化创意产业重点支撑产业。文化创意产业的重点领域有数字内容行业、创意设计行业、广告会展行业、媒体业以及艺术业。数字内容行业包括软件与计算机服务业和网络信息业，重点企业有腾讯科技、巨人网络等。2013 年徐汇区文化创意产业总产值和增加值分别为 146.39 亿元、51.6 亿元，增幅分别为 19% 和 18.8%。创意设计行业包括时尚设计与制造、工业设计和建筑设计。全年总产值和增加值分别为 308.68 亿元、41.63 亿元，增幅分别为 14.96% 和 8.16%。创意园区经济已经成为徐汇区产业发展的重要组成部分，比如尚街 LOFT 等。

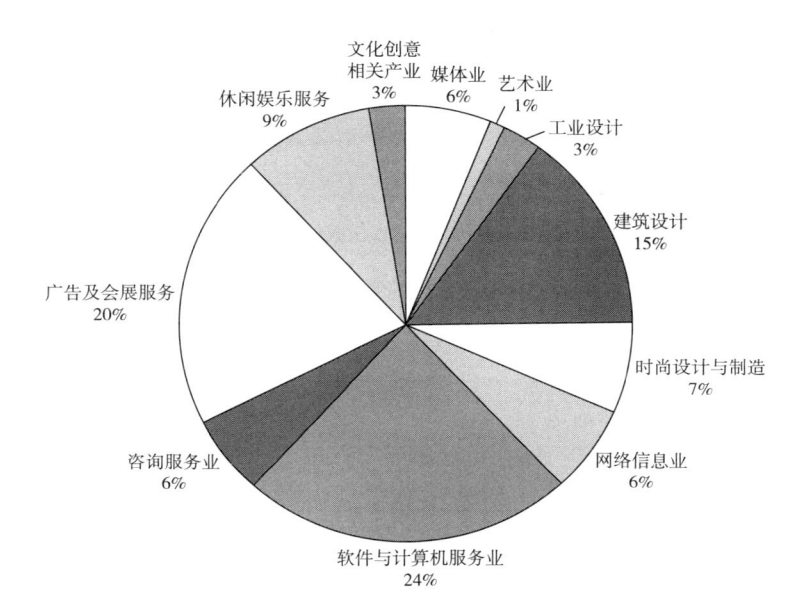

图 2-7　2013 年徐汇区文化创意产业行业构成情况

3. 其他区县

浦东新区和徐汇区创意产业数据比较齐全，而其他区县数据不完备，故对其他区县文化创意产业发展状况予以简单介绍（见表 2-1）。通过表 2-1 可以发现，每个区县都有其重点产业，但发展水平存在较大差异。

表 2-1　上海市各区县文化创意产业发展情况

单位：亿元

区县名	总产值	增加值	重点发展领域	重点园区
黄浦区	310.00	—	广告设计、建筑设计、工业设计和时尚设计	江南智造、八号桥创意园区
长宁区	611.38	132.26	广告及会展服务、咨询服务、软件与计算机服务、建筑设计、文化创意相关产业	环华东时尚创意产业集聚区和上海工程技术大学科技园
静安区	—	—	传媒业、建筑及工业设计、艺术业	800 秀创意园、安垦绿色创意园、现代产业大厦等

续表

区县名	总产值	增加值	重点发展领域	重点园区
普陀区	284.48	—	新媒体数字内容产业、设计业和艺术创作与交易展示	天地软件园区和M50、华师大科技园区
闸北区	—	—	研发设计、软件和信息服务业、文化演艺和休闲娱乐服务业	大宁德必易园、锦和越界·乐平方等
虹口区	518.77	—	文化生产基地建设	虹口音乐谷园区群、上海明珠创意产业园
杨浦区	304.18	96.48	现代设计、软件信息服务业	环同知识经济圈、创智天地园区、上海国际时尚中心
宝山区	—	—	移动互联网、动漫及衍生产业、设计产业	
闵行区	—	122.24	媒体业、网络视听、创意展示、建筑设计	M50西郊文化休闲园、虹桥525创意园区
嘉定区	756.60	—	电子商务、广告业、互联网信息服务、游戏业	中广国际广告创意产业基地、嘉定电子商务产业园
金山区	—	52.37		国家绿色创意印刷示范园区、廊下、枫泾市级文创园区、金山嘴海洋文创产业园
松江区	248.64	—	工业设计、广告与会展服务、软件与计算机服务业、建筑设计	泰晤士创意产业集聚区、时尚谷创意产业集聚区
青浦区	293.49	80.60	会展业、时尚设计业、生态文化休闲旅游业	青浦现代印刷产业园、上海西虹桥文化创意产业园、尚之坊时尚文化创意园
奉贤区	112.40	21.95	文化旅游、休闲时尚、会展会务业、创意设计业、特色文化服务	
崇明县	—	—	休闲旅游业	江南三民文化村园区

注：根据上海市文化创意产业推进领导小组办公室汇编资料整理。本数据主要是2014年底对2015年的工作计划，因此闸北区合并于静安区并不影响数据整理。

三 行业发展——传媒、文化和艺术

根据文化产业相关分类，创意经济主要包含新闻出版发行服务、广播电视电影服务、文化专用设备的生产等十个细分行业。由于部分行业整体规模不大，以及行业之间的区分并非泾渭分明，课题组把产业研究划分为传媒和艺术服务研究、文化信息与服务研究、文化设计与产品生产研究三个方面。传媒和艺术服务主要包含新闻出版发行服务、广播电视电影服务、文化艺术服务，文化信息与服务包含文化信息传输服务、文化休闲娱乐服务，文化设计与产品生产包含文化创意和设计服务、工艺美术品的生产、文化产品生产的辅助生产、文化用品的生产和文化专用设备的生产等。

本节的研究对象为上海市新闻出版发行、广播电视电影和文化艺术服务三个方面。根据文化创意产业统计分类，新闻出版发行服务主要包含新闻服务、出版服务和发行服务三个方面。新闻服务主要包含新闻业，出版服务包含图书出版、报纸出版、期刊出版、音像制品出版、电子出版物出版和其他出版业等，发行服务包含图书批发、报纸与期刊批发、音像制品及电子出版物批发、图书零售报纸与期刊零售、音像制品及电子出版物零售等。广播电视电影服务主要包含广播电视服务、电影和影视录音服务，其中电影和影视录音服务包含电影和影视节目制作、电影和影视节目发行、电影放映和录音制作等。文化艺术服务包含文艺创作与表演服务、图书馆与档案馆服务、文化遗产保护服务、群众文化服务、文化研究和社团服务、文化艺术培训服务以及其他文化艺术服务等。

据统计，2014年新闻出版发行、广播电视电影和文化艺术服务增加值分别为35.09亿元、47.97亿元和48.39亿元；与2013年相比，增长分别为-1.7%、7.4%和8.2%。该三类增加值总和为131.45亿元，占整个上海市文化及相关产业增加值的9.41%。

(一)新闻出版发行服务发展现状

2014年，全国新闻出版产业实现中高速增长，产业规模继续扩大。全国出版、印刷和发行服务实现营业收入19967.1亿元,较2013年增加1720.7亿元,增长9.4%。与此相比,上海市新闻出版发行增速却出现逆增长,表明上海市新闻出版发行服务受到新媒体的冲击和报业改革的双重影响。

新闻出版机构数和从业人员数反映了新闻出版行业的发展状况。表2-2描述了上海市主要新闻出版机构数和从业人员数,从中发现新闻出版机构的个数和从业人员数比较稳定。自2009年至今,出版机构数一直维持在40个,而出版人数维持在0.38万人左右。

表2-2 2000~2014年上海市主要新闻出版机构数及从业人员数

年份	机构数(个) 图书出版	印刷机构	发行机构	从业人员数(万人) 图书出版	印刷机构	发行机构
2000	37	4543	6743	0.37	11.54	1.94
2005	39	4971	7146	0.39	14.03	2.29
2006	39	5281	7754	0.39	13.62	2.46
2007	39	4943	7839	0.40	13.29	2.61
2008	39	5123	8945	0.39	13.87	2.50
2009	40	4614	8862	0.40	15.62	2.68
2010	40	4606	9327	0.39	16.02	2.14
2011	40	4630	8982	0.40	16.51	3.08
2012	40	4572	8526	0.38	16.79	3.03
2013	40	4562	8594	0.38	16.47	2.98
2014	40	4403	7785	0.37	16.72	2.90

注:印刷机构指具有印刷经营许可证的机构,发行机构指发行网点。
资料来源:上海市新闻出版局。

图2-8描述了2005~2014年间上海市图书出版印数和报纸发行总量的变化趋势,显而易见,随着数字技术的不断进步报纸发行总量不断降低,由2005年的18.38亿份降低到2014年的11.36亿份。图书出版发行的印数变化不大,从种数来看,2000年图书出版1.27万

种，2014 年出版 2.47 万种。但自 2011 年至今增长幅度不大。报纸出版种类一直比较稳定，2010 年至今一直维持在 100 种。这与我国报纸出版机构主要是事业编制体制有关。从全国来看，2014 年出版品种较 2013 年大幅度回落，报纸出版深度下滑，经营困难加剧。

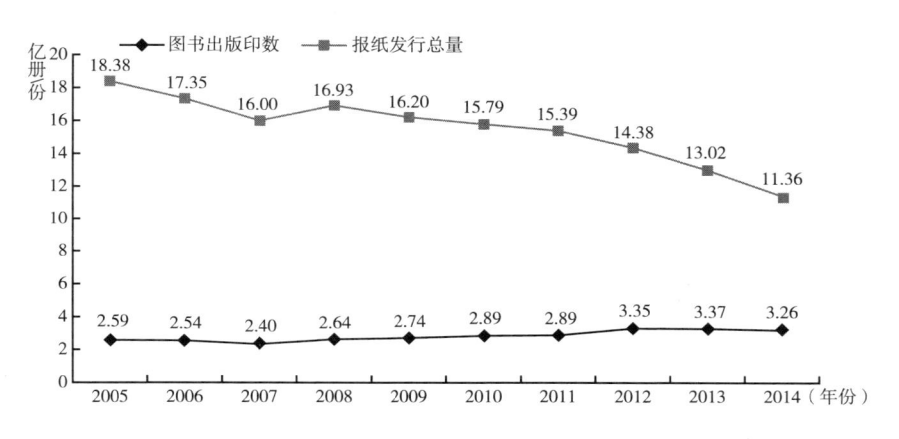

图 2-8　2005~2014 年上海市图书出版印数和报纸发行总量

图 2-9 描述了上海市期刊出版发行总量和音像制品发行总金额的情况。期刊发行总量逐年降低，由 2005 年的 1.84 亿份逐年降低到 2014 年底 1.42 亿份。2005~2014 年间，音像制品发行金额最高年份是 2012 年，为 3.54 亿元。即使不考虑价格效应，音像制品的规模也在不断降低，2005 年发行金额已经达到 2.72 亿元，而 2014 年的发行金额仅为 2.39 亿元。

数字出版方面，全国继续保持高速增长，行业地位继续提升。2014 年全国数字出版实现营业收入 3387.7 亿元，较 2013 年增加 847.4 亿元，增长 33.4%，占全行业营业收入的 17.0%。增长速度在新闻出版各产业类别中继续名列前茅，总体经济规模超过出版物发行，跃居行业第二。网络动漫营业收入增长 72.7%，领跑数字出版；移动出版增长 35.4%，高于数字出版总体水平；互联网期刊与

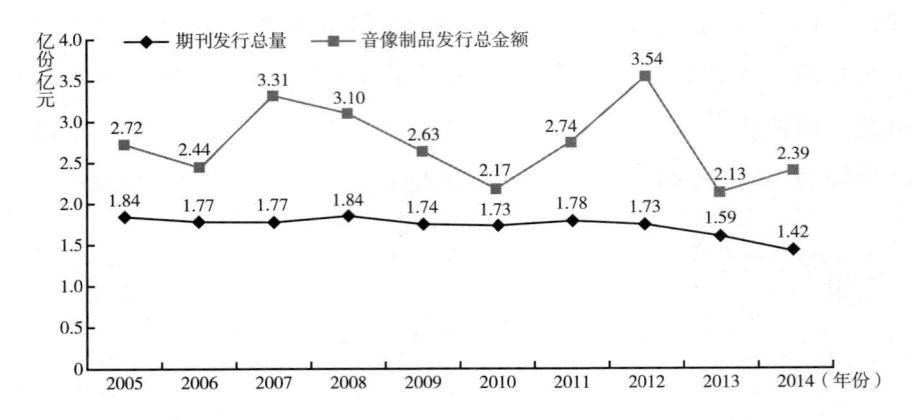

图 2-9 2005~2014 年上海市期刊发行总量和音像制品发行总金额

电子书增长 18.2%，远高于新闻出版业总体水平。上海市数字出版成绩斐然，领跑全国数字出版行业。截至目前，全国共有 21 家国家新闻出版产业基地（园区）。2014 年该 21 家产业基地共实现营业收入 1424.1 亿元，资产总额 1368.1 亿元，利润总额 217.7 亿元。其中，营业收入超过 200 亿元的仅有 2 家，分别为上海张江国家数字出版基地和江苏国家数字出版基地。上海张江国家数字出版基地实现营业收入 280 亿元，占全国 12 家数字出版基地总营业收入的 25.03%。

2014 年，全国累计出口图书、报纸、期刊、音像制品、电子出版物、数字出版物数量 2147.5 万册（份、盒、张），金额 10044.9 万美元。全国累计进口图书、报纸、期刊、音像制品、电子出版物、数字出版物数量 2552.3 万册（份、盒、张），金额 49381.7 万美元。进出口总额 59426.6 万美元，呈现较大逆差。图 2-10 描述了上海市图书进出口、期刊和报纸进口情况，可以发现图书进口额远大于出口额，即图书出版贸易逆差较大。同时，报纸和期刊进口额近几年处于平稳状态，且有下降趋势。

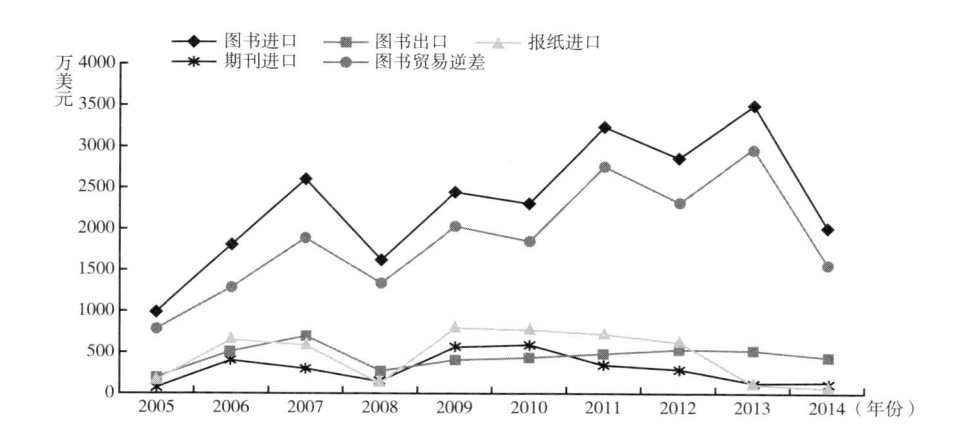

图 2-10　上海市图书、报纸和期刊贸易情况

此外，版权管理意识和服务不断提高。2000 年作者自愿登记版权管理 176 份，而到 2014 年这一项增加至 18.78 万份。版权合同登记也由 2000 年的 619 份，快速增长至 2014 年的 1333 份，且在 2013 年曾达到 1596 份。

（二）上海市广播电视电影服务发展现状

根据文化创意产业统计分类，广播电视电影服务主要包含广播电视服务、电影和影视录音服务，其中电影和影视录音服务包含电影和影视节目制作、电影和影视节目发行、电影放映和录音制作等。2014 年广播电视机构收入 377.947 亿元，增加值为 47.97 亿元，增加值比 2013 年增长 7.4%。

上海市广播电视机构个数由 2000 年的 17 个快速增长至 2014 年底的 739 个，15 年间增长了 42 倍多。2000~2014 年上海市广播电视从业人员数由 2000 年的 1.3 万人增长至 2014 年的 2.77 万人，直接解决就业人数增长了 1 倍多；年收入由 2000 年的 25.35 亿元增长至

2014年的377.95亿元，15年间收入增长约14倍。

广播电视服务包含广播和电视两个方面。自2010年以来，广播电台中短波发射台、发射功率、公共广播节目套数、全年播音时间、全年播出制作节目时间比较稳定。电视台发射台、发射功率、公共电视节目套数、付费电视节目套数、播出时间、制作节目时间也非常稳定。这些数据说明，自2010年以来上海市广播电视服务的软硬件设施已达到市场需求水平。

公共广播节目播出时间主要分为新闻资讯、专题服务、综艺益智、广播剧、广告等，2010年这几项播出时间占比分别为27.87%、19.89%、34.51%、4.65%、11.50%，而2014年占比变化为31.94%、20.96%、31.70%、4.88%、8.74%。可以发现，2010~2014年，公共广播节目播出时间结构基本保持不变。此外，有线电视总户数、入户率等基本达到市场饱和。也就是说，公共广播、公共电视的形式基本成型。

在播出结构和形式上，广播和电视已经比较成熟。但节目质量、节目制作投资、节目贸易呈现出新的特征。图2-11描述了2010~2014年上海市电视节目销售和投资情况，可以发现这五年间电视节目销售额不断增加，电视节目制作投资额度也不断增加，2014年略有回落，但2015年很快又恢复增长。图2-12描述了上海市电视节目进出口情况，其中可见在2013年之前电视节目的进口总额一直大于出口总额，电视节目贸易一直处于逆差状态。但是2014年上海市电视对外贸易首次出现顺差，为140万元。这在一定程度上说明上海市电视节目的质量不断提升，对外出口水平不断提高。从全国范围来看，上海市广播电视实际创收能力较强，2014年实际创收约356亿，占全国广播电视实创收入的9.9%，位列全国第三，仅排在北京、浙江之后。

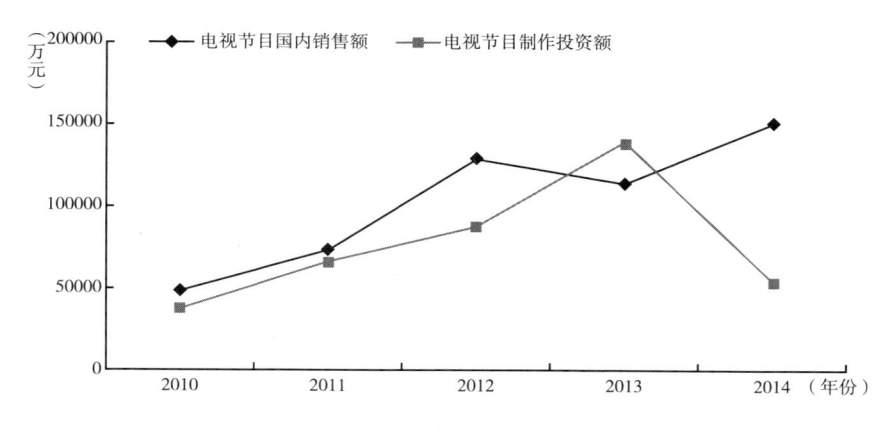

图 2-11 2010~2014 年上海市电视节目销售和投资情况

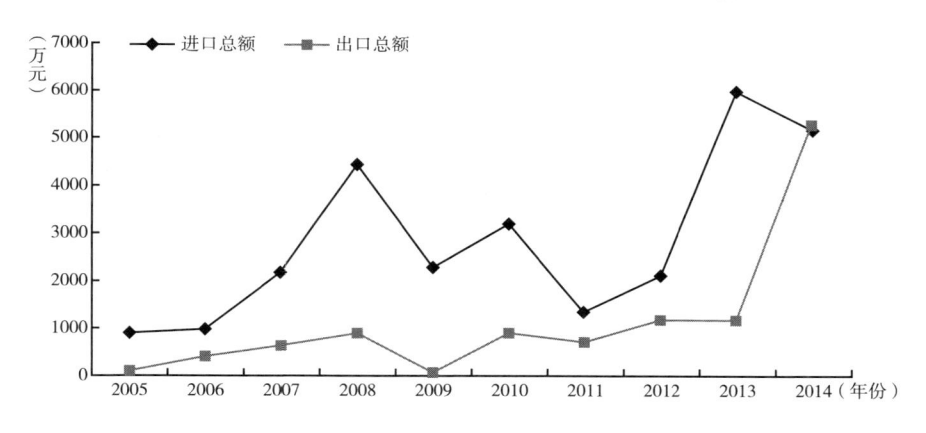

图 2-12 2010~2014 年上海市电视节目进出口情况

图 2-13 描述了 2010~2014 年上海市电影放映结构的发展情况。可以发现，电影院的数量不断增加，由 2010 年的 70 个增加到 2014 年的 146 个。而影剧院的个数由 2010 的 66 个减少至 2014 年的 39 个，开放礼堂俱乐部个数逐步增加，2014 年的个数是 2010 的两倍多。

图 2-14 描述了 2000~2014 年上海市电影放映情况。一个很明显的趋势是，放映场次、观众人次和放映收入都大幅度提升。2014 年上海市放映场次、观众人次、放映收入三个方面，分别是 2000 年的 9 倍、2.6 倍和 15.7 倍。

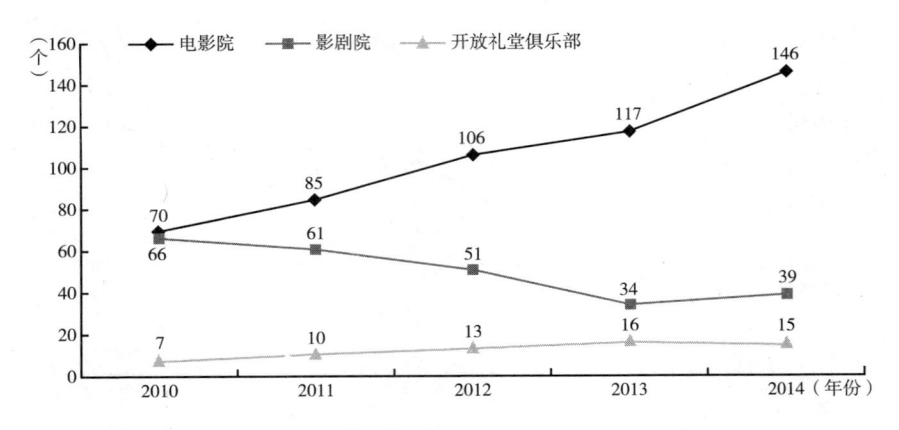

图 2-13　2010~2014 年上海市电影放映机构发展情况

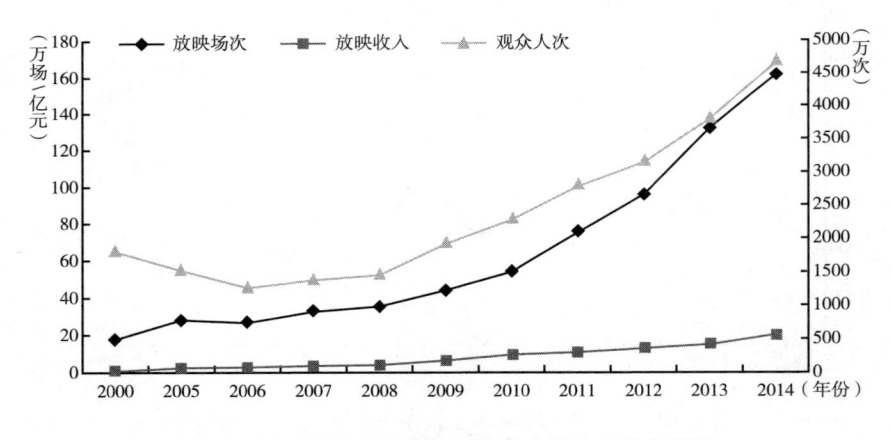

图 2-14　2010~2014 年上海市电影放映基本情况

（三）上海市文化艺术服务发展现状

根据文化创意产业统计分类，文化艺术服务包含文艺创作与表演服务、图书馆与档案馆服务、文化遗产保护服务、群众文化服务、文化研究和社团服务、文化艺术培训服务以及其他文化艺术服务等。2014 年文化艺术服务增加值达 48.39 亿元，比 2013 年增长 8.2%。

2010 年剧团数 89 个，2014 年达到 158 个。从业人员 2010 年

6766 人，到 2014 年达到 8773 人。截至 2014 年，艺术表演团体中，话剧、儿童剧、滑稽剧团共 40 个，歌舞音乐类共 46 个。

图 2-15 描述了 2000~2014 年上海市艺术表演团体演出收入情况，可以发现，上海市艺术表演团体运营良好，事业（营业）收入不断增加，收入构成呈现多样化。截至 2011 年，演出收入是事业（营业）收入的主要来源，但自 2012 至今，演出收入比重不断下降，其他构成在增加。此外，艺术表演团体基础建设不断增加。2000 年艺术表演团体基础建设年末固定资产原值仅为 9284.2 万元，而到 2014 年增加至 5.27 亿元，增加近 5 倍。

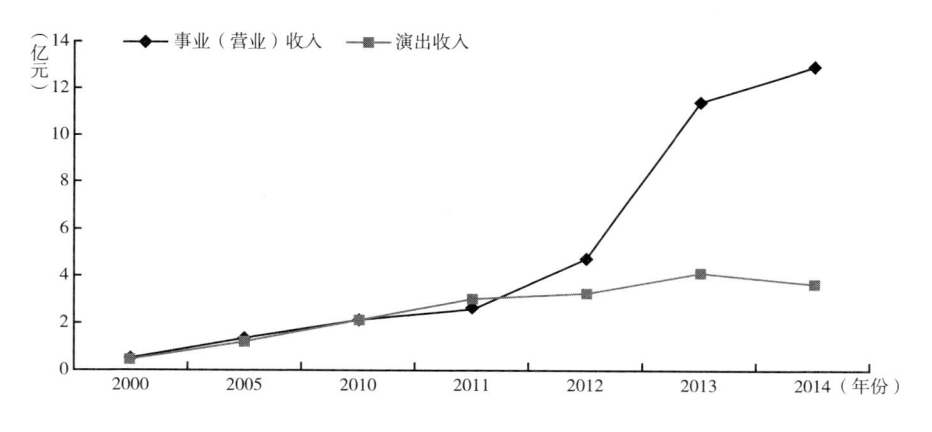

图 2-15　2000~2014 年上海市艺术表演团体演出收入情况

上海市艺术表演场所也经历了快速发展，2000 年机构个数为 44 个，而到 2013 年达到鼎盛为 127 个。2014 年远郊 20 余家影剧院相继关闭，艺术表演场所仅剩 93 个。2000~2014 年，演出场次比较稳定。2000 年演出场次达 4.5 万场，中间最高为 2012 年的 8.2 万场，但 2014 年又恢复到 5.1 万场。在艺术表演场所演映收入方面，2000 年收入为 0.16 亿元，2014 年达到 2.61 亿元，其中 2012 年高达 3.26 亿元。在日均演出场次方面，2000 年为 123 场，而2014年为139场,但平均每一演映场次分成收入由2000年的348元上升至2014年的5561元。这说明,整体价格水平上升,也极大地促进了演出场所收入的上升。演出场所的基础建设也在不断提高,年末固定资产原值由2000年的1.04亿元上升至2014年的2.42亿元;建筑面积提升了6倍多,由2000年的10万余平方米增加至2014年的65.1万平方米。

2014年上海市共有25个公共图书馆,从业人员为2104人;当年新购图书221.5万册,总藏量为7363万册/件,其中图书藏量为3114.4万册,报纸与期刊369.3万册,微视制品1235.9万册/件。2014年,上海市公共图书馆累计发放有效借书证件172.9万个,图书外借达7854万册次,图书借阅达1898.95万人次。2014年,上海市公共图书馆建筑面积达41.4万平方米,其中书库9.3万平方米,阅览室10.4万平方米,阅览座位2.2万个,年末固定资产原值34.29亿元。

2000~2014年,上海市文物机构个数由2000年的24个增加至2014年的57个,2014年从业人员达1585人。图2-16描述了上海市文物机构收入和基础建设情况,2000~2014年上海市文物机构总收入由2000年的1.8亿元增长到2014年的12.55亿元,年末固定资产原值由2000年的1.87亿元增长到2014年的17.45亿元。

图2-17描述了2010~2014年上海市文物保护维修情况。2010年上海市文物保护维修项目总预算高达2.06亿元,其中专项补助为0.85亿元,当年文物保护维修支出约为0.21亿元;2014年文物保护维修项目总预算为0.79亿元,专项补助为0.26亿元,当年文物保护维修支出0.57亿元。2014年,历史文物保护共计678处,含全国重点保护29处、市重点保护238处和区县重点保护411处;非物质文化遗产保护方面,国家级55个、市级179个、区县级316个;国家

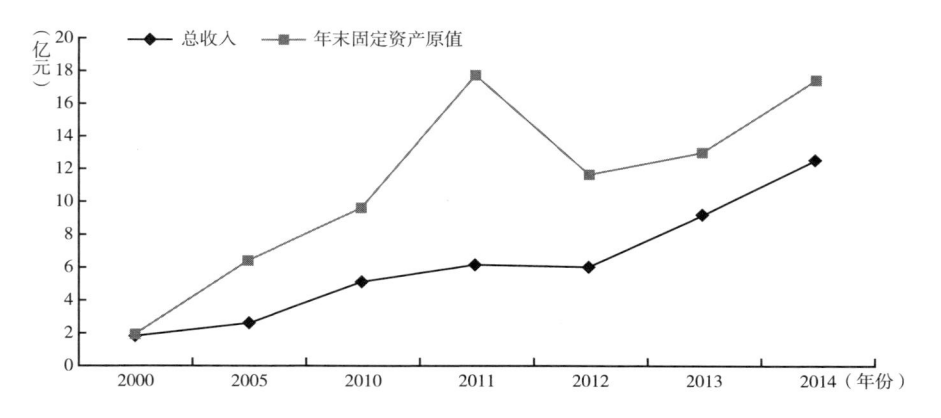

图 2-16　2000~2014 年上海市文物机构收入和基础建设情况

级非物质文化遗产项目代表性传承人 94 人。上海市博物馆和纪念馆也取得了飞速发展，机构个数由 2000 年的 11 个增长至 2014 年的 120 个，年参观人次由 2000 年的 165 万人次增长至 2014 年的 1967 万人次。

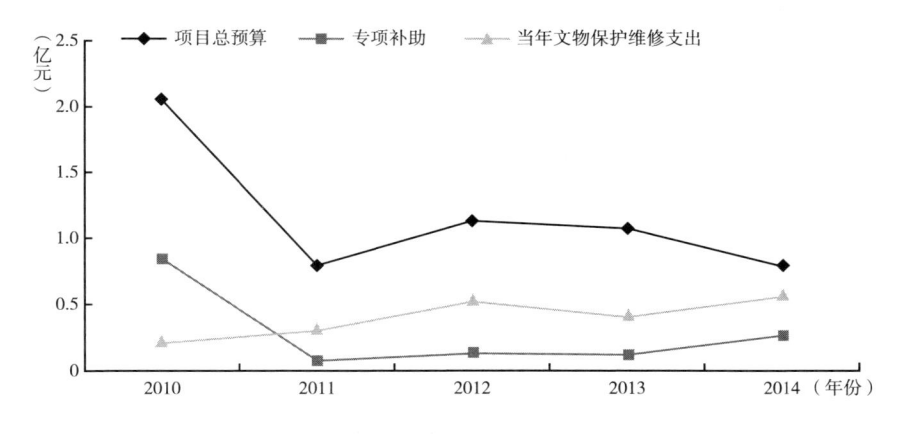

图 2-17　2010~2014 年上海市文物保护维修情况

上海市群众艺术馆、文化馆（站）机构数由 2000 年的 340 个减少至 2014 年的 241 个，其中文化馆由 45 个减少至 25 个，文化站由 292 个减少至 215 个。虽然艺术馆、文化馆机构数减少，但群众艺术馆、文化馆（站）从业人员数 2014 年达到 4958 人，举办展览 3423 个，组织文艺活动 4.87 万次，举办业余培训班 3.89 万次等。

图 2-18 描述了 2010~2014 年上海市群众艺术馆、文化馆（站）基础建设情况。显然，年末固定资产原值由 8.62 亿元增长至 21.78 亿元，年收入由 7.26 亿元增长至 13.07 亿元。东方讲坛活动取得良好效果，2014 年讲座点为 373 个，举办 2516 场。社区信息苑建设活动成果丰硕，2014 年社区信息中心苑共有 214 个、社区信息小区苑 171 个、农村信息苑 1669 个，累计建设投资金额 2.97 亿元，累计参加活动 1.35 亿人次。

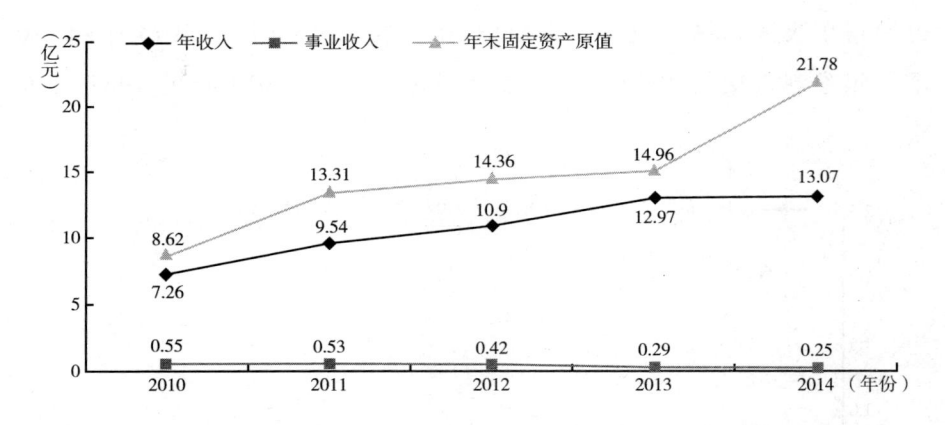

图 2-18 2010~2014 年上海市群众艺术馆、文化馆（站）基础建设情况

截至 2014 年，上海文化社团机构数达 321 个，其中在市级登记的有 88 个，区县登记的 233 个。民办非企业单位共有 472 个，在市级登记的有 119 个，区县登记的 353 个。基金会共 19 个，其中公募基金会 2 个，非公募基金会 17 个。文化类机构总数达 812 个。需要注意的是，上海市文化艺术培训服务在 2013 年的总产出同比增长仅为 0.4%，是文化艺术领域中增长最慢的。2012 年上海市文化艺术培

训服务总产出实现 10.61 亿元的高速增长。这一特征事实说明，艺术服务行业的发展存在波动性和不平衡性，特别是文化艺术培训服务方面存在较大不确定性。

（四）行业发展面临困难和挑战

1. 新闻出版发行

通过对上海市新闻出版行业发展状况的介绍，可以发现上海市新闻出版行业存在如下几个问题和挑战。

一是传统新闻出版产业受到新兴技术和新兴业态的挑战，行业结构处于不断变革之中，数字出版发展增速较快。通过数据分析可以发现，上海市新闻出版行业的发展缓慢。特别是，容纳就业人口数量一直持平，产出增加值出现负增长。实际上，全国新闻出版行业也处于大变革过程中，图书出版、报纸期刊营业利润皆下降。2014 年，上海数字出版产业发展态势喜人。全年营业收入达 658 亿元，占本市新闻出版行业比重达 37.3%，比 2013 年增长了 37.5%，高于全国营业收入 33.4% 的增速水平。

二是新闻出版贸易逆差较大，国际竞争力仍需进一步提升。通过数据分析发现，上海市图书出口一直比较平稳，增速有限。贸易逆差的降低主要取决于进口水平，当进口水平较高时贸易逆差较大，当进口水平较低时贸易逆差较小。从全国范围来看，我国新闻出版贸易逆差一直较大。2014 年全国出版物贸易逆差达 3.93 亿美元。

三是上海市新闻出版发行总体经济规模提升空间较大。《2015 年全国新闻出版产业分析报告》选取营业收入、增加值、总产出、资产总额、所有者权益（净资产）、利润总额和纳税总额 7 项经济规模指标，采用主成分分析方法对全国 31 个省（自治区、直辖市）

与新疆生产建设兵团新闻出版业（未包括数字出版）的总体经济规模进行综合评价。前3名分别是广东、北京和浙江，而上海市屈居第6位，与第一梯队还有较大差距。对全国图书出版集团总体经济进行排名，前3名分别是中国教育出版传媒集团有限公司、江西省出版集团公司和浙江出版联合集团有限公司。上海市未有一家图书出版集团上榜前10名。用2014年期初资产总额、期末资产总额和利润总额，计算各图书出版集团平均资产总利润率，全国图书出版集团排前3名分别是英大传媒投资集团有限公司、贵州出版集团公司和云南出版集团有限责任公司，上海仍未有一家出版集团上榜前10名。

报纸出版集团方面，上海报业集团列总体经济规模第1位，但在经济效益方面排名未进入前10名。发行集团方面，上海新华发行集团有限公司列总体经济规模第7位，同样未能进入经济效益排名前10名。

2. 广播电视电影

近几年，上海市广播电视电影发展取得了良好成绩，与全国相比位列前茅。但同时也存在如下几个方面的问题和挑战。

一是公共文化服务尚未均衡。公共文化服务体系建设在中心城区与远郊区县存在不均衡，在服务不同年龄、不同人群上存在不均衡，在服务资源和服务需求的匹配上存在不均衡，公共文化设施间的利用程度不均衡，部分设施和活动项目的利用率不高。

二是上海文化文物广播影视发展仍存在一些亟须破解的问题：广播电视内容生产与发展要求不相适应。节目数量、质量仍然不能满足人民群众日益增长的精神文化需求，广播电视系统体制、机制还不够灵活，市场主体和产业体系尚未完全形成。

三是文化市场的开放力度有待进一步加大。在政策以及观念层面，文化市场的开放度与文化市场发展的社会需求还不完全相适应，市场配置文化资源的基础性作用尚未充分发挥，社会力量参与文化建设的广度和深度还不够。

四是文化产业的能级有待继续提升。上海文化企业整体规模仍然偏小，企业活力、创新力以及影响力还不足。在产业链分工上仍是以生产制作为主，原创研发设计与终端销售环节扩展不足。产业政策、产业发展保障机制、产业发展环境营造等还不完善。文艺创作能力有待进一步增强。艺术原创能力后劲不足，优秀作品创作的长效机制还有待完善。

五是对外文化服务贸易的能力仍需进一步提升。对外文化服务贸易的意识还不够强，服务的手段和方式还比较贫乏，服务的能力还不能适应发展对外文化贸易的需求。

六是文化人才与事业发展需要还不完全相适应。高层次创新型人才匮乏，创意人才、创作人才、产业经营人才、高技能人才紧缺，创新创业能力不足，人才培养针对性、有效性不强，人才"难引进、易流失"的政策机制障碍尚未彻底消除。

3. 文化艺术

上海市文化艺术服务业取得了长足的发展，其占整个文化及相关产业增加值比重排在文化创意产业第 7 位，增长速度也排在第 7 位。但可以发现，上海市文化艺术服务仍存在如下几个方面的问题和挑战。

一是文艺创作与表演服务遇到发展瓶颈。自 2012 年起艺术表演团体的演出场次保持不变，甚至略有下滑，国内观众人数也呈下滑状态。虽然演出收入相对增加，但这可能是由于门票等价格上升导致的。同时，远郊 20 余家影剧院相继关闭，也说明市场环境下，艺术表演遇到较大挑战。

二是图书馆与档案馆服务、文化遗产保护服务、群众文化服务、文化研究和社团服务等均等化水平需要进一步加强。在博物馆、纪念馆、公共图书馆等免费开放和群众文化服务公益化趋势下,如何均等化公共文化服务是当前上海市文化艺术服务所面临的重要挑战。

专栏2-1 迪士尼乐园对上海市创意经济发展的启示

一、迪士尼乐园发展状况

1. 支柱业务

华特·迪士尼公司成立于1923年,主要从事动画电影制作业务,经过近百年的发展其主营业务主要分为迪士尼影业、主题公园及度假村、迪士尼消费品生产部门、传媒和迪士尼互动五大部分。影业主要包含公司的电影、唱片及戏剧;主题公园及度假村包含公司的主题公园、游轮公司和其他旅游相关部门;迪士尼消费品生产部门主要包含利用公司品牌及版权人物进行开发生产的玩具、服饰及其他产品;传媒是指公司的电视业务;迪士尼互动包含公司在互联网、移动通信、社交媒体、虚拟世界及电脑游戏方面的相关部门。

图1描述了迪士尼整个公司盈利能力,可以发现2008年金融危机后,其盈利能力不断提升,利润率(利润和收入之比)由2009年的18.46%提升至2015年的27.98%。在一定程度上表明,金融危机之后以迪士尼为代表的创意经济发展空间进一步提升,侧面反映了创意经济对经济增长贡献的重要性。

图2描述了自2008年以来迪士尼在五大业务部门的年度总收入状况,可以发现迪士尼公司传媒的收入最高,其次是乐园和度假区,最低的是互动业务。以2015年为例,迪士尼影业、乐园和度假村、

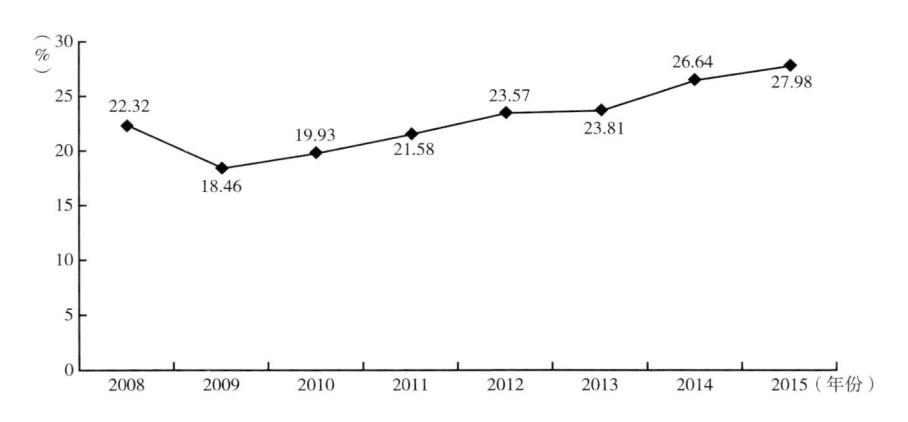

图 1　2008～2015 年迪士尼年度净利润率

注：根据迪士尼公司年报整理。

消费产品、传媒和互动业务五大业务营业收入占总收入比重分别为 14.04%、8.58%、30.81%、44.34%、2.24%。

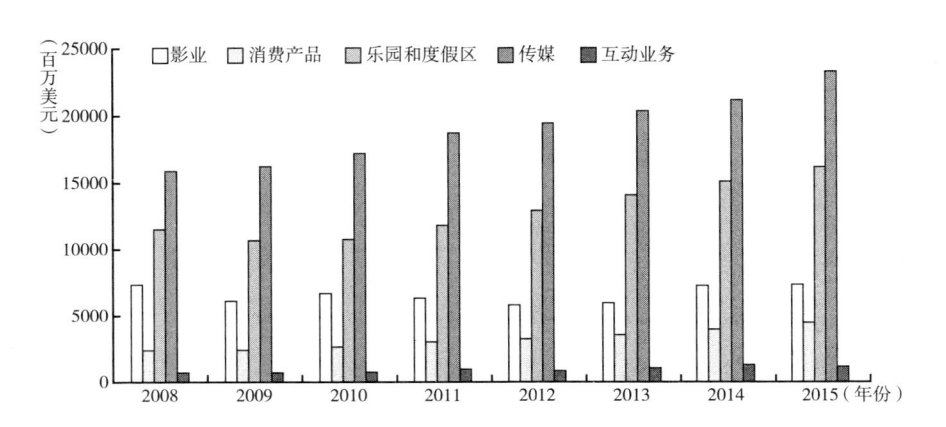

图 2　2008～2015 年迪士尼支柱业务年度总收入

注：根据迪士尼公司年报整理。

在纯利润方面，传媒业务盈利能力最强，其次是乐园和度假区。消费产品和影业业务互有交替，2008 年影业利润大于消费产品，但 2009～2013 年间消费产品利润大于影业，直到 2014 年，影业利润又才超过消费品（见图3）。迪士尼互动业务自成立起至2013年一直处于亏损状态，2014年起开始盈利。2014年和2015年利润分别为116万美元和132万美元，分别占整个公司当年总利润的0.89%和0.9%。

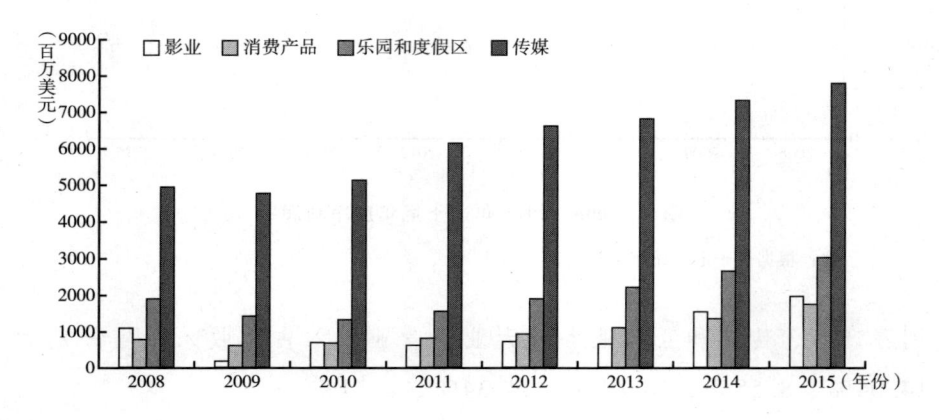

图3 2008~2015年迪士尼各部门年度净利润

注：根据迪士尼公司年报整理。

与上海创意经济密切相关的是乐园和度假区。在收入规模、利润水平和利润率方面，迪士尼乐园和度假区仅次于传媒业务。上海市迪士尼乐园的竣工开业，必将进一步提升迪士尼整个公司的收入规模，也会对盈利水平产生重要影响，把迪士尼乐园和度假区作为切入点深入分析对上海市创意经济可能产生的影响，对政策制定将具有重要参考价值。

2. 迪士尼乐园和度假区状况

自1955年起，迪士尼公司开始扩展主题乐园业务，至2016年6月共建成6座迪士尼乐园，分布在三大洲4个国家。其中美国和中国各2座，日本和法国各1座。表1列出了全球迪士尼主题乐园的基本信息。美国2家迪士尼乐园开办最早，已有60余年历史。东京迪士尼主题乐园是迪士尼公司海外扩展的第一家乐园。占地面积最大的是位于佛罗里达州奥兰多的主题乐园，是面积最小的香港乐园的90多倍。

表1　迪士尼主题乐园一览表

序号	国家	城市	开业时间	占地面积（公顷）
1	美国	加州	1955	206
2	美国	佛罗里达州	1971	12228
3	日本	东京	1983	201
4	法国	巴黎	1992	2023
5	中国	香港	2005	126
6	中国	上海	2016	390

注：根据迪士尼公司公开资料整理。

上海迪士尼度假区位于上海市浦东新区川沙新镇，首期占地390公顷，主要包括迪士尼乐园、主题酒店、零售餐饮娱乐区和配套措施等。2009年11月国家发改委正式批复核准上海迪士尼乐园项目，具体在由S1上海迎宾高速、S2上海沪芦高速、周祝公路及南六公路所组成的范围内。实际上，早在2005年兴建"上海迪士尼乐园"主题乐园的构想便已经发酵，直至2011年4月，上海迪士尼乐园正式动土开工。至2016年6月开业，上海迪士尼主题乐园共建设5年多。

上海市迪士尼主题乐园的开放吸引了众多游客。根据迪士尼发布的消息，上海迪士尼是整个公司未来的重要投资之一。自2016年6月16日开园至2016年8月上海迪士尼主题乐园已接待超过100万游客，游客在乐园游玩的时间甚至长过迪士尼管理层的预期。上海迪士尼乐园酒店的入住率则稳定在95%。

迪士尼的直接投资建设、就业岗位的提供、对游客的吸引等都对上海市经济发展具有重要效应。而迪士尼作为创意经济发展的典型代表，对主题乐园所在地的创意经济发展也具有重要的效应。本节将综合分析世界五大迪士尼主题乐园对当地经济，特别是创意经济的发展对如何促进上海市创意经济与迪士尼主题乐园有机融合具有重要作用。

二、迪士尼主题乐园概况及对经济的影响

1. 乐园概况

（1）加州迪士尼乐园

加州迪士尼乐园是迪士尼公司在世界上的第一个乐园。1955年加州迪士尼主题乐园开业，1990年代扩建了加州冒险乐园，两个主题公园及周围独家酒店等一系列相关设施共同组成迪士尼度假区。2012年6月15日，美国迪士尼加州冒险乐园的11亿美元翻新工程完工，建设了12英亩的《赛车总动员》主题公园，乐园入口主题则由现代加州风景，改为华特1920年代初到洛杉矶时的模样。六十余年来，乐园不断推陈出新，由最早的18个游客设施，扩建至今日超过60项老少皆宜的游乐项目，是仅次于奥兰多迪士尼主题乐园的世界第二大主题乐园。

迪士尼乐园共分为明日世界、幻想世界、西部垦荒时代、米奇卡通城等8个主题区，乐园每个主题区内均有餐饮和购物设施。在冒险乐园及迪士尼乐园之间还有一个免费供旅客休闲购物的徒步区迪士尼市中心，不但有各式各样的餐厅，还有许多精品店进驻，如AMC电影院、丝芙兰、迪士尼世界等。

自1955年加州迪士尼主题乐园建成开放以来，每天接待旅客约4万人，高峰时刻可达8万人。到1965年，迪士尼乐园的旅客总数已达到5000万人，收入高达1.95亿美元。至2000年，乐园已累计接待旅客达10多亿人次。根据TEA统计，2009年加州迪士尼主题乐园接待旅客 1590 万人，加州冒险乐园接待旅客 605 万人，共计 2195 万旅客。2011 年，迪士尼乐园接待游客约 1610 万人，冒险乐园接待约 630 万人。在全球范围内，加州迪士尼乐园客流量是仅次于奥兰多迪士尼主题乐园客流量的第二大主题乐园。

（2）佛罗里达州迪士尼乐园

华特迪士尼世界度假区，简称迪士尼世界，位于美国佛罗里达州的博伟湖市和湖畔市，面积约为 170 平方公里，是世界最大的主题乐园。奥兰多迪士尼主题乐园于 1971 年正式开园，经过不断扩展，主题乐园内共有神奇王国、新纪元、好莱坞影城和动物王国四大主题乐园。此外，还有暴风滩和台风礁两座水上乐园。奥兰多迪士尼主题乐园是迪士尼第一次采用"主题乐园＋度假区"模式运营的超大型主题乐园，也是迪士尼第一个主题游乐休闲区，唯一一个被称为"华特迪士尼世界"的乐园。度假区现有 30 家迪士尼品牌主题酒店、8 家第三方运营酒店以及 1 个荒野要塞露营地。

自奥兰多迪士尼主题乐园于 1971 年建成后，旅客常年爆满，是全球最热门的主题乐园。虽然奥兰多迪士尼主题乐园的门票定价是五大迪士尼主题乐园（除上海迪士尼主题乐园外）中最高的一个，但仍吸引着大量国内外游客，多年来一直是世界上客流量最大的主题乐园，2013 年客流量更是超过了 4000 万人，多年来盈利状况一直非常良好，每年上交给当地政府的税收可达 4000 万美元。

（3）东京迪士尼乐园

东京迪士尼主题乐园于 1983 年正式开业，位于日本东京千叶县舞滨市，是世界上第一座在美国之外的迪士尼度假区。2001 年日本又在毗邻迪士尼乐园的东京湾畔建成了日本第二个主题乐园——东京迪士尼海洋乐园，也是迄今为止第一座以海洋为主题的迪士尼乐园。

东京迪士尼度假区包括东京迪士尼主题乐园及东京迪士尼海洋乐园两大乐园、三家迪士尼品牌主题酒店、六家第三方运营酒店、一个零售餐饮娱乐区域。东京迪士尼主题乐园有七个主题区乐园,包括神秘岛、发现港、美人鱼礁湖、失落三角洲、阿拉伯海岸、美国海滨和地中海港湾,各有主题游乐设施与主题系列商品的专卖店、卡通造型速食简餐店等。东京迪士尼海洋乐园则是迪士尼首度以"海"为主题的主题乐园,也有七大主题区,包括动物天地、梦幻乐园、西部乐园、探险乐园、明日乐园、世界市集和卡通城。

东京迪士尼主题乐园是第一家采取许可交易形式即特许经营形式运营的迪士尼主题乐园。在日本得天独厚的市场背景下,东京迪士尼主题乐园有着绵密的招揽回头客战略,现已成为日本最具知名度的游乐场。园区每年客流量超过2500万人次,重游率超过96%。

(4)巴黎迪士尼乐园

巴黎迪士尼乐园度假区,位于巴黎以东32公里的马恩河谷地区。巴黎迪士尼主题乐园是欧洲唯一一家迪士尼乐园,耗资440亿美元,乐园面积56公顷。巴黎迪士尼主题乐园是继美国洛杉矶、奥兰多和日本东京之后的第四个迪士尼主题乐园,也是欧洲最大的文化娱乐度假中心。巴黎迪士尼乐园有迪士尼主题乐园和华特迪士尼影城两个主题乐园区,巴黎迪士尼主题乐园于1992年开园,华特迪士尼影城则于2002年正式启用。巴黎迪士尼主题乐园包括两座主题乐园、七间度假酒店以及六家购物中心,周围还坐落着娱乐中心、高尔夫球场、野营地等配套设施。巴黎迪士尼主题乐园分为两个主题园区,包括美国大街、冒险世界、西部垦荒时代、幻想世界以及探索世界。

巴黎迪士尼主题乐园于1992年4月正式开业,2006年该乐园接待游客达到1280万人次;到2008年8月12日,乐园迎来了开业以来的第 2 亿名游客。然而表面的风光并不能掩盖巴黎迪士尼主题乐园糟糕的业绩：仅仅开业一年，巴黎迪士尼主题乐园的亏损就达到了 9 亿美元。法国旅游局数据显示，巴黎迪士尼乐园在建立之后的 17 年中，仅有 2 年盈利。

（5）香港迪士尼主题乐园

香港迪士尼主题乐园是全球第五个迪士尼主题乐园，于 2005 年开业，度假区面积为 2.55 平方公里，乐园为 1.26 平方公里，是全球面积最小的迪士尼乐园。香港迪士尼度假区一期由一个迪士尼主题乐园、两家迪士尼品牌主题酒店组成；主题乐园有四个主题区，包括美国小镇大街、探险世界、幻想世界和明日世界。

香港迪士尼主题乐园 2009 财年亏损约 29 亿港元，2010 财年亏损约 7.2 亿港元，2011 财年亏损约 2.37 亿港元。2012 财年，香港迪士尼主题乐园营业额增长 18%，达到 42.7 亿港元；税前盈利增长 73%，达到 8.76 亿港元；实现开园 7 年以来首次盈利，利润为 1.09 亿港元。

2. 迪士尼乐园对相关产业的影响

（1）旅游发展

迪士尼乐园对当地经济发展的直接影响是吸引游客，进而推动当地旅游业的发展。迪士尼主题乐园对区位的有效选择，使影响辐射范围超越乐园建设的局部地区，从而吸引不同地区、不同国家的游客慕名而来，直接促进当地旅游收入。与此同时，为满足迪士尼游客需求，城市基础设施建设不断完善和加强。

以奥兰多迪士尼主题乐园为例，在建设迪士尼乐园之前，奥兰多是以种植柑橘为主的农业城市。迪士尼主题乐园的建设和发展，大幅提升了当地旅游业的国际影响力和竞争力，使奥兰多迅速转变成一个全球知名的旅游城市。旅游业成为当地经济发展的重要支柱产业。东京迪士尼乐园建设和发展也体现了迪士尼乐园对旅游的直接推动作用。自从东京迪士尼主题乐园开园后,为当地带来了巨大的经济效益和旺盛的人气,舞浜成为浦安市乃至东京都市圈著名的旅游休闲板块,成为最能代表日本的城市休养地。舞浜成功地从一个落后的渔村转型成为世界著名旅游城市,目前旅游业已经成为当地的支柱产业。加州、巴黎和香港旅游业的进一步发展皆离不开迪士尼乐园的推动作用。

(2) 产业融合发展

迪士尼主题乐园作为一个庞大的综合性产业,对当地各产业的发展也有着重大的影响,以奥兰多迪士尼主题乐园为例。奥兰多地区的旅游业除了从迪士尼乐园度假区中受益外,充分挖掘当地航空航天业、海洋业的优势,还发展了与迪士尼乐园互补的其他主题公园,比如环城影城等。受太空时代及迪士尼乐园的影响,与华特迪士尼世界度假区毗邻的奥兰多已实现了产业结构的成功转型,大力发展了由主题公园带动的国际商务、总部经济、仓储物流、电影电视制作等行业,使其从最初的一个农业城市变成了现在的佛罗里达州的商业中心。其主要行业有高级制造业、农业科技、航空航天、客户服务及后勤办公、数字媒体、能源及替代性燃料、电影电视制作、国际商务、生物科学和生物科技、仓储和物流、模型模拟和测试、光学和电子、软件和硬件等。

(3) 区域带动效应

迪士尼主题乐园区域带动效应作用机制可表述为:依靠迪士尼主题乐园发展,交通等基础设施不断完善、公共服务水平不断提升、投资环境不断优化,因此进一步吸引投资和带动区域发展。比如依靠主题乐园的集群发展,奥兰多的投资环境也随之不断改善,吸引越来越多的美国企业在此设立总部。奥兰多不仅集中了佛罗里达州太空海岸的太空科技产业，而且还拥有世界领先的电子企业和医疗器械企业集群，奥兰多以其良好的环境、便捷的交通、适宜的气候、繁荣的经济被美国商业周刊评为5个最适合企业家创业的城市之一。

3. 迪士尼对上海市创意经济发展的可借鉴经验

2016年6月，上海迪士尼乐园开业。如何更好地借鉴世界迪士尼发展的经验，对促进上海市创意经济发展，进一步推动上海市经济增长，具有十分重要的意义。在总结其他5个迪士尼乐园发展的现状、对当地经济增长的影响经验基础上，本课题给出相关的政策建议。

首先，提高休闲娱乐服务和公共服务水平，以迪士尼建设和发展为契机进一步促进上海市旅游业的发展。迪士尼乐园作为世界知名的主题乐园，它对上海旅游业的带动作用将最为直接，效应最大。它能够完善上海的旅游产品体系，有助于打造上海主体旅游功能区，丰富上海的旅游休闲功能，优化上海旅游产业结构，提升上海城市旅游吸引力。根据2014年上海市创意经济的发展状况，休闲娱乐服务业增加值仅占上海市创意经济增加值的2.2%，有很大的提升空间。随着上海迪士尼乐园的营业和持续建设与发展必将给上海市休闲娱乐服务业的发展提供广阔的空间。迪士尼公司先进的经营管理经验和成熟的产业链运作也会推动我国旅游企业整体经营管理水平的提高和旅游业服务质量的全面提升，其中对酒店餐饮、交通运输、娱乐休闲、观光购物、会展等相关领域的质和量都有积极影响。

其次，借助上海迪士尼乐园发展的有利契机，进一步促进上海市创意设计、创意产品生产等与上海迪士尼乐园对接。迪士尼乐园的吸引力主要在于其对美国文化的发扬、创新并进行符号化输出，其在文化创意产业发展方面的宝贵经验能够推动我国同类型企业的发展，对上海乃至全国的动漫产业发展产生积极的带动作用。还会产生集聚效应,有助于上海文化创意产业园区的规模化发展。

再次,以上海迪士尼乐园大力发展为契机,加强上海市创意经济与迪士尼其他四个主营业务的合作。根据对迪士尼主营业务的分析可知,迪士尼公司的传媒、影业和消费品制造在全球创意经济中具有重要影响。根据前面章节对上海市创意经济当前现状的分析可知,上海市传媒业和影业发展有较大提升空间。而创意消费品制造,可以参与到迪士尼乐园建设当中,在参与和学习中提升。

四 城市比较和机制分析

(一)上海和北京比较分析

表2-3列出了2008~2011年上海市和北京市文化创意产业发展情况。首先,在文化创意产业占GDP比重方面,北京市高于上海市。2008年北京市文化创意产业占GDP比重便已经超过12%,而上海市仅为9.07%,到2011年才超过10%。其次,在文化创意产业增加值增长速度方面,上海市要快于北京市。2008年北京市文化创意产业增加值为1346.40亿元,比上海多70.47亿元。2011年这一差距变为66.15亿元。上海市文化创意产业增加值占GDP比重4年间提升了近1个百分点,而北京市方面仅提高了0.13个百分点。当然,这也意味着北京市其他产业发展速度更快些。但结合绝对值差距的递减来看,上海市文化创意产业增加值在绝对值和相对值方面的增长速度都快于北京市。

表 2-3 2008~2011 年上海与北京文化创意产业城市间比较

单位：亿元，%

年份	增加值-北京	增加值-上海	占 GDP 比重-北京	占 GDP 比重-上海
2008	1346.40	1275.93	12.11	9.07
2009	1489.90	1390.93	12.26	9.24
2010	1697.70	1673.89	12.03	9.75
2011	1989.90	1923.75	12.24	10.02

注：根据上海市《文化创意产业发展报告》和北京市《统计年鉴》整理。

由于缺乏北京市 2012~2014 年文化创意产业增加值的数据，故表 2-3 仅对比分析了 2008~2011 年上海市和北京市文化创意产业发展的情况。可以进一步通过总产值（总收入）比较上海和北京文化创意产业发展的情况。图 2-19 描述了上海市和北京市文化创意产业总收入及增长率的情况，可以发现北京的增长率不太稳定，上海的增长率在 2011 年之前要低于北京，而在 2012 年实现了对北京的超越。在绝对值方面，北京市文化创意产业的总收入要高于上海市，而且呈现扩大趋势。综合来讲，北京市文化创意产业的发展水平要高于上海市，特别是文化信息服务业方面。

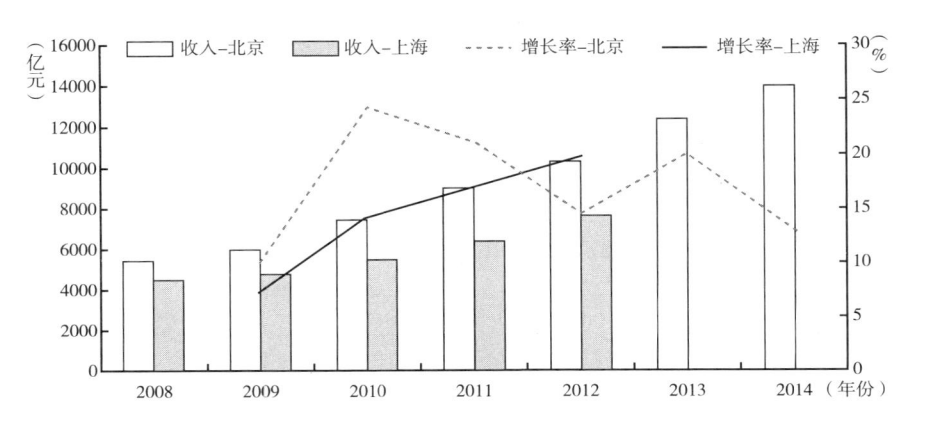

图 2-19 2009~2014 年北京和上海文化创意产业总收入及增长率的情况

图 2-20 给出了总收入角度下北京市文化创意产业构成。显而易见，北京市软件、网络及计算机服务的收入最高，达 5380 亿元，占整个文化创意产业收入的 39%。北京市统计的软件、网络及计算机服务与上海市统计的文化信息传输服务、文化创意和设计服务等进行了对比，发现文化信息与服务是北京创意经济的重要组成部分。广告会展、其他辅助服务的收入占比分别排在第二、三位。广告会展归于文化产品的辅助生产门类。基本来看，北京市和上海市文化创意产业的构成有很大类似之处。

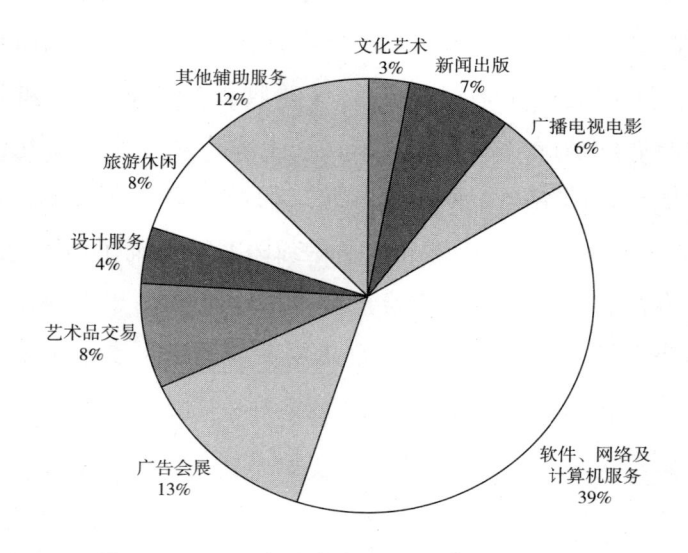

图 2-20　2014 年北京市文化创意产业收入构成

（二）上海创意经济发展机制分析

通过对上海市文化创意产业的发展规模、增长速度及与上海市国内生产总值的对比分析可以发现，上海市创意经济已经成为上海市经济增长的重要力量。"十二五"期间，上海市文化创意产业总产出和增加值从"十一五"末的 5499 亿元和 1673 亿元，快速增长至 2014

年末的9054亿元和2833亿元。特别是在近几年全国经济处于转型期和整体经济增长下行的不利情况下，2015年上海文化创意产业继续保持快速增长，实现增加值3020亿元，占上海市生产总值的12.1%。深入分析文化创意产业对上海市经济增长的作用，对制定文化创意产业发展规划，以及其他相关政策具有重要意义。

使用投入产出表可以研究产业间的中间投入率和中间需求率，以此反映经济体中各产业部门之间相互联系、相互依存的关系。一方面，最新的投入产出表是2012年国家统计局制定的，而上海的投入产出表所能查询的只是2007年的版本。另一方面，投入产出表中没有按照文化创意产业进行分类，只能间接通过服务业来分析文化创意产业与其他产业的关联度。能够反映文化创意产业的只有信息传输与计算机服务、文化体育和娱乐业。而创意设计等占文化创意产业比重较大的产业并没有单独列出，因此使用投入产出表分析文化创意产业对上海市经济增长的推动作用意义有限[①]。本节则在总结创意经济对经济发展影响相关研究基础上，从产业结构优势、人才和技术聚集优势、产业集聚规模效应、价值链延伸推动作用四个方面阐述上海市文化创意产业对上海市经济增长的推动力作用。

1. 产业结构优势

文化创意产业又涉及广播电视电影、艺术业、文娱旅游、文化信息传输服务等多门类多行业，具有高渗透性、高增值性，以及高融合性。这些产业结构特征能够使其有效地促进经济发展方式的转变。从产业发展的层面来看，创意产业促进经济发展方式转变有资源转化、

---

① 胡彬、陈超《创意产业发展与地域营销》（第八章）中使用投入产出表分析了文化创意产业对上海市经济发展的贡献。

价值提升、结构优化和市场扩张等路径。与第一、第二产业的发展模式以及传统粗放型经济增长相比，文化创意产业的发展模式一定程度上突破了资源、环境约束和资本的约束，将各种资源转化为资本经营，为经济发展打开了新的通道和空间。价值提升是指经济发展过程中对产业附加值提升和观念价值挖掘。文化创意产业通过整合与分解产业价值链，注入文化要素，可以提升产品的附加值，特别是观念价值。结构优化模式是基于产业融合视角，形成新产业、新产品，成为经济发展的新增长点。创意产业的发展可以理解为文化、科技和经济的融合发展，这种融合建立在为消费者提供高度个性化的创意产品之上。

首先，上海市坚持推动产业结构转型，大力发展现代服务业，为文化创意产业发展打下良好的基础。文化创意产业属于第三产业，不仅在第三产业中具有规模优势，而且具有质的优势。2015年文化创意产业实现增加值3020亿元，占第三产业增加值的17.85%，而第三产业占整个上海市GDP的67.8%。在第三产业已经成为上海市经济发展重要支柱的情况下，文化创意产业在第三产业中又有质和量的双重推动效应。

其次，上海市经济发展和经济结构优化水平领先全国，同时与世界重要城市联系密切。2004年联合国教科文组织推出全球创意城市网络项目，旨在通过对成员城市促进当地文化发展的经验进行认可和交流，从而达到在全球化环境下倡导和维护文化多样性的目标。2010年，上海被授予"设计之都"称号。截至2015年4月，上海的国际友好城市总数达到78个，其中与加入全球创意城市网络项目的大多数城市建立了友好城市关系。

2. 人才和创新驱动

发展文化创意产业，根本措施在于坚持以人为本，不断优化调整产业结构，转变经济发展方式。文化创意产业是以人为本，具有高文化附加值、环保型和低消耗高产出特征的新兴产业，其有助于促进整个经济结构的优化和发展方式的转变。创意阶层是创意经济发展的核心要素和动力源泉。随着创意经济时代的到来，创造力或者说创意力将逐步成为经济发展的首要推动力，而这种创造力主要源于创意阶层这一职业阶层的崛起。在创意阶层中，超级创意核心是关键组成部分，主要是由来自从事科学和工程学、建筑与设计、教育、艺术、音乐和娱乐的人构成，其工作是创造新观念、新技术和新创意。

首先，人口规模大，人口质量高，上海市人才机制较为科学合理。至 2014 年末，上海市常住人口总数为 2415.27 万人，北京 2014 年末全市常住人口 2170.5 万人。劳动就业人口方面，上海市大学专科人口占比 19.6%、本科为 20.8%、研究生为 2.45%，其中专科劳动就业人口居全国第一，劳动就业人口中本科和研究生均居第二位，仅次于北京市；而全国这三类人才比重分别为 9.3%、6.2% 和 0.55%；北京为 18.5%、29.5%、7.87%。可见上海市的人口数量和质量保障了上海市文化创意产业发展所需要的各类人才。此外，上海积分落户政策把人才工作单位和家庭生活发展相分离，在最大程度上实现了岗位与人才匹配。而北京市人才户口政策过去主要根据岗位而定，现在也在向上海学习实行积分落户政策。

其次，上海市高校、科研机构以及产业结构决定了创意阶层的层次和集中程度。上海市集中了 70 余所各层次高等院校，既有复旦大学、上海交通大学等"985"和"211"一流院校，上海财经大学、上海外国语大学等"211"院校，也有虽未进入重点工程但仍具有较高社会声望的近 30 余所普通本科院校。此外，中科院科研院所、其他相关科研机构常驻上海。这一方面吸引了全国各地优秀青年人才到上海学习，且在很大程度上能够留住优秀青年人才在上海发展。另一方面优秀的高校和科研机构为上海市文化创意产业的发展提供了充足的智力支持。这都是上海市文化创意产业发展的重要渠道。

3. 产业集聚规模效应

产业集群是经济发展的必然趋势。产业集群的形成有利于降低交易成本，实现规模经济，从而大大提高知识溢出的效益并最终增强竞争优势。创意产业集群是指在一个特定的区域内，具有分工合作关系的众多文化创意企业和相关组织机构相互联系、相互作用而形成的创意产业链和多元文化生态系统。创意产业的发展程度直接影响着城市经济发展的水平，而且创意产业的发展还呈现出城市聚焦化趋势，不同的创意产业区之间通过分工合作可以形成网络组织，实现集群发展。另外，通过创意集聚形成的群落，可以为创意产业的发展提供空间表达机制，在公共设施、创意灵感和工作机会等各个层面对创意产业发展创造优势条件。构成创意产业区的外部网络组织是保证其形成和发展的必备因素，主要包括教育和培训、研究机构、商业服务等相关配套设施建设。因此，对创意场域的研究实际上等同于对创意产业集聚的空间组织结构和内部动因的研究，创意场域与传统制造业集聚的区别在于，这种聚集不仅表现在空间层面，还广泛表现为功能、时间和文化的集聚。

文化创意产业的集聚效应发展到一定程度即为创意城市的建立。文化创意产业发展和城市发展是互相促进的，创意经济的发展能够促进创意城市的建设，反过来创意城市的发展又会提升文化创意产业的发展。霍尔提出创意城市概念，认为创意城市一般具备如下特点：拥有较为充裕的财富、人才易于集聚、社会比较开放以及意识形态环境较为宽松等。兰德里认为只有具备了一定的文化资本条件，创意城市才能够实现发展，而融合了文化资本的创意才是城市发展的根本动力。陈伟雄总结创意城市建设的特点,认为创意城市的建立应该基于如下几个因素:市民素质、领导素质、人力资源及其发展机会的多样性、组织文化、地方认同、城市基础设施与环境以及网络动态关系。

上海市形成了系统有序的文化创意产业园区建设。至2016年1月,上海市共建设128家市级文化创意产业园区,10家示范园区,这些园区基本覆盖了上海市文化创意产业相关企业。上海市为产业集聚提供了良好的软环境。从设立上海市文化创意产业推进领导小组办公室,到支持建设上海设计之都公共服务平台和创意产业协会等,上海市为企业入驻产业园区、企业集聚提供了硬件和软件服务。这是上海市文化创意产业对经济增长推动的重要途径之一。

五 本章小结

本章主要介绍了上海市创意经济发展的整体状况、行业发展情况以及机制分析,对于上海市创意经济整体发展的思路和路径,我们将在最后一章专门论述,对于上海市创意经济发展的机制分析,将在余下章节进一步展开分析。因此,本章以上海创意经济行业发展所面临的问题提出相关建议作为总结。

1. 新闻出版发行

为促进上海市新闻出版发行服务进一步发展,推动文化及相关产业增加值水平不断提升,进而为上海市经济增长注入新动力,作者提供如下战略思路。

首先,创新服务模式,推动传统出版行业把握现代新闻出版行业发展新趋势,把握新业态,实现转型升级。一是进一步推进新闻出版行业市场化改革,充分发挥市场价格调节作用,加强传统与新业态媒体融合。比如上海世纪出版集团、上海地区大学出版社协会等上海传统出版界与腾讯公司签订整体战略合作协议，有力推进了上海传统出版数字化转型向媒体融合、合作共赢的新阶段发展的进程。二是充分发挥政府在公共服务提供方面的政策支持力度。比如近年来上海市新闻出版局积极推动的本市传统教育出版进行数字出版转型，对探索基础教育课程改革背景下的数字教程内容开发，服务数字化环境下的学生课堂环境变革具有重要的推动意义。

其次，提升版权管理服务水平，加强版权保护，扩大新闻出版服务开放水平，特别是提升出口水平。上海经济发展离不开与世界的沟通与交流，科技的进步与发展离不开与世界一流强国的切磋。提升版权管理服务水平，加强版权保护，一方面可以保护上海作者的切身利益，另一方面可以为提高对外开放水平提供高质量软环境。充分打造升级国家版权贸易基地（上海），为自贸区乃至上海的版权产业发展注入强劲活力和动力，推动国家文化"走出去"战略实施和提升中华文化影响力与软实力。

最后，加强新闻出版行业基地建设，打造上海新闻出版、报刊发行、出版发行、出版印刷等行业细分领域的典型性引领全国行业发展的龙头名牌企业。积极培育上海新闻出版集团在总体经济规模和利润排名靠前的集团企业，打造一批与上海市经济地位相匹配的龙头企业集团。同时要加强示范效应，特别是力求把上海世纪出版集团和上海报业集团打造成全国龙头新闻出版和报业集团。

2. 广播电视电影

上海市广播电视电影业应当引领中国广播影视业的发展浪潮，全面把握和主动适应经济发展的新常态以及媒体融合发展、产业转型和服务升级的新要求。因此，我们对上海市广播电视电影业发展做如下几点建议。

首先，以创新为着力点，在现有量与质领先的基础上，继续创作高质量广播影视作品。一是要保持广播影视作品产量的总体稳定，题材和类型进一步多样化，结构持续优化。一方面要营造积极健康向上的舆论氛围；另一方面要把握当前时代潮流，权衡引领、引导与迎合平衡度，实现市场与社会价值观念的优良结合。二是广播影视文艺创作要全面加强，鼓励敢于静心创作出有"思想性、艺术性、观赏性"的经得起时代和历史考验的作品。

其次，以重点工程为载体，在广播影视公共服务标准化、均等化基础上，实现上海对全国广播影视行业的引领，实现走出国门，迈向世界市场。上海市相关部门要转变职能，进一步强化依法行政、依法管理，充分发挥市场作用，同时又要实现政府对特殊创作的各项政策支持。一是体制机制创新力度加大，市场主体的活力和创造力持续释放。二是以内容为发展内核，通过提高内容的开发运营能力全面增强媒体的产业核心竞争力，最终实现走出国门，迈向世界市场。

再次，以全面深化改革为动力，向新型广电主流媒体和新型媒体集团迈进，充分发挥"互联网+"的作用，打造一批上海市广播影视重点工程。创新广播电视融合发展模式，加快内部一体化布局，通过内部业务流程再造和机构重组，组建连接各个媒体平台的中心枢纽机构，实现广播影视跨媒体资源的共享与整合。传输网络加强互联互通，实现互联网与数字电视、有线电视的统筹协同，通过资源整合充分打造现有广播影视代表性企业集团，并为广播影视企业的培育和发展创造优良条件。

3. 文化艺术

结合上海市文化艺术服务当前的发展状况，以及上海市的优势条件，我们建议如下。

首先，进一步加快推进重大文化设施建设、维护与升级改造，比如新的博物馆、图书馆、美术馆的建设、维护和升级改造等；重点推动区级公共文化设施发展，大力推进文化馆、图书馆、美术馆、非物质文化遗产专题博览馆（陈列馆）等配套公共文化设施建设；大力拓展都市公共文化空间，努力推动公共文化服务的均等性和便利性。

其次，拓展体现时代特征的公共文化系列活动。加强传统公益性文化活动的品牌建设。加强对上海民俗文化活动的源头梳理和内涵挖掘，培育壮大一批富有民族、民间、民俗特色的群众文化活动。积极开发打造群众文化活动品牌，引导扶持群众广泛、自主开展文化活动。建立激励机制，出台扶持政策，逐步培育百个群众文化活动项目、百支非职业优秀文艺团队、百部优秀群众文艺作品，展现海派文化个性魅力。大力培育社区文化艺术指导员、基层文化工作者、社区文化艺术志愿者，为群众文化团队提供专业指导。鼓励发展、备案管理各类群众文化团队，因地制宜利用广场、公园、绿地等场地，引导开展健康向上、百姓自主参与的群众文化活动。

再次，以重大项目和品牌建设为抓手，打造国际化的展示与交流平台。结合国家与上海重大美术项目，进一步加强美术创作主题策划，为艺术人才搭建施展才华的平台，催生一批弘扬中华文化传统、反映时代精神特征、具有海派文化特色的原创美术作品。加强各类美术品牌建设，努力将上海双年展办成国际一流的美术展览品牌，不断扩大上海美术大展、上海青年美术大展等美术展览品牌的社会影响力；继续办好上海艺博会、上海春季艺术沙龙、上海当代艺术博览会等艺术品交易会展品牌，切实提高展会规格、水平和国际知名度。

第三章 上海创意产业集聚分析

一 引言

产业集聚是指某一地理位置形成的产业体系的发展和产业资本要素不断集聚的过程，主要是研究产业的空间分布形态。作为产业空间布局的一种有效组织形式，产业集聚是调整产业结构、促进区域经济增长的重要手段和途径，并对区域产业结构和经济增长带来直接的作用（冯臻，2016）。相应地，文化创意产业集聚就是指大量的相互关联的文化创意产业企业（比如文化娱乐公司）、艺术家，以及具有支持功能的系统（大学、研究机构、协会等）在一定空间范围内聚集。特定地理位置能够提高文化创意行为，而现代文化创意产业主要集中在世界上一些国际化的大城市，如洛杉矶、纽约、巴黎等（Scott，1997）。

Scott（2004）认为文化创意产业在劳动分工、产业网络联系、外部效应等几个方面存在鲜明特点，揭示其本身具有相互合作的特性、产业集聚的趋势。因此，探讨文化创意产业势必需要从产业集聚的视角来讨论。我们可从两个角度来理解上海的创意产业集聚：一方面上海自身经济结构、创意产业结构以及政府政策引导所形成的创意产业布局,这主要表现在创意产业园区对不同创意产业的聚集等;另一方面,在"长江三角洲"的区域视角下探讨上海创意产业的行业积聚和地位等。本章首先介绍产业集聚的几个核心理论,比如外部经济论、工业区位论、交易费用论等,在总结相关研究的基础上引出产业集聚和产业园区的不同之处,并以此作为基础框架分析上海和长三角区域的创意产业集聚和创意产业园区发展情况。余下部分安排如下:第二部分评述产业集聚的相关理论研究;第三部分分析上海创意产业的集聚;第四部分研究长三角核心城市创意产业集聚的特征和发展趋势;第五部分总结本章。

二 创意产业集聚理论和测度

(一)基本理论研究

产业集聚主要表现在内部资源整合、外部经济渗入、区域竞争优势等几个方面(梁君,2016)。内部资源整合是指产业集聚范围内企业个体资源与政府提供的公共资源、企业个体之间、产业发展与产业政策的整合发展等。外部经济渗入主要表现在外商投资和技术扩散,外商进入可以有效缓解本地资本的不足而形成巨大的外商投资辐射效应,同时引入技术竞争。技术竞争会随着产业集聚的发展而加强。区域竞争优势是指集群效应为企业提供良好的外部效应,随着区域产业集聚的发展,企业间的合作和产业关联成为促进和带动当地区域经济发展的主要力量。随着产业集聚区域的逐步成熟,规模效应、品牌效应等成为区域竞争优势的重要表现。

对于创意产业而言，创意产业集聚研究是产业集聚理论和实证研究的具体化。关于产业集聚的核心理论主要有外部经济论、工业区位论、交易费用论、竞争优势论和新经济地理学理论等。马歇尔把经济规模划分为内部经济规模和外部经济规模，也即外部经济论。无法获取内部经济规模的企业个体，可以通过地理接近性以实现外部合作。换言之，就是企业内部分工的外延扩大。工业区位理论认为企业选择产业集聚区时要综合考虑技术、劳动力、市场和成本等因素并权衡利弊，当收益超过成本时则会选择进入产业集聚区。交易费用理论是由科斯首先发展的，他认为交易费用决定了企业的存在。产业集群之所以发展起来，一个重要原因是由于企业间地理位置接近，交易的空间范围和交易对象相对稳定，因此可以降低相应的交易费用，提高经济活动的效率。竞争优势理论是由波特提出的，他通过构建钻石模型，讨论了企业生产要素、发展战略与竞争度时空背景、需求条件等互动，阐述了产业集聚对企业竞争优势的影响。克鲁格曼是新经济地理学理论的代表性人物，通过构建反映经济活动的理论模型，认为规模经济、运输成本和要素流动三者之间的互动可以形成集聚经济。

文化创意产业集聚研究主要涉及创意产业的空间分布形态，特别是注重创意产业从分散到集中的空间转变过程。具体来说，文化创意产业所涉及的行业在一定地域范围内积聚。创意产业在集聚过程中，可以共享基础设施而产生规模效应，创意产业之间存在相互的学习效应和产业带动效应。Scott认为文化创意产业具有五个鲜明的特征：一是，文化产业的技术和劳动分工过程使文化产业需要具备熟练操作计算机等现代工具的工人；二是，文化产品的生产往往是由相互依赖的中小企业组成的网络来组织的；三是，文化创意产业的网络组成的产业综合体对当地劳动力产生巨大需求；四是，文化创意产业综合体具有显著外部性；五是，这样的综合体也依赖于网络间的信息交流、技术交流和生产商之间的信任和合作。因此，在全球化背景下，创意产业集聚区的区位选择出现了同时在大城市集中和全球化分散的趋势（Scott，2005）。冯根尧总结产业集聚相关研究认为，文化创意产业集聚区的形成需要具备如完善基础设施、分工协作、要素流动、物流便利、信息畅通、研发和创新等几个方面的因素。创意产业集聚区趋向于在具有良好环境、公共服务完善、交通设施便利、低进入障碍和具有休闲中心作用的城市和地区出现。

基于文化创意产业地理集聚的发展历程特征，我们可以将其划分为依赖阶段、尝试阶段、快速发展阶段、成熟阶段和衰退阶段。杨永忠等认为创意产业作为一个新兴产业，无论是从区位因素角度还是从共生角度，都尚未能对创意产业集聚区的形成路径与演化机理展开深入研究。创意产业虽有一定的特殊性，但是也遵循产业发展的基本规律。因此，他们在现有研究基础上，从产业集聚的一般性出发提出了创意产业集聚区形成的三阶段假说：创意产业集聚区的形成一般经历单元聚集、界面构建、网络发展三个阶段。单元信息共享程度体现为微观单元间关于知识、技术等信息传播的广泛度，广泛度越大，信息共享程度越高，演化程度越高；合作关系固化程度表现为微观单元间的合作时间长短及交易频率的大小，合作时间越长，交易频率越大，合作关系固化程度越高，演化程度也越高。总之，随着三个阶段的有序推进，创意产业集聚区的演化程度不断提升。

我们需要区别文化创意产业集聚和文化创意产业集聚区，后者是前者发展的一个结果。在产业集聚区的相关研究中，认为文化创意产业园区是指将文化与娱乐设施集中在一定的地理区位内，提供工作休闲等功能，具备完善组织、明确标示等特征，提供艺术活动与艺术组织所需要的条件，为当地艺术家提供更多就业和居住的机会。与传统产业集聚区相比，文化创意产业园区具有显著的特点，比如产出结果的新颖性、创意氛围的独特性、管理风格的松散性、创新网络的协同性、地理区位的优势性等。按照地理规模状态，文化创意产业园区可以分为五个类型：（1）跨国规模，跨越国界的企业互动和制度合作；（2）国家规模，国家范围内的企业互动和制度合作；（3）区域规模，区域范围内的企业互动和制度合作；（4）城市规模，大城市范围内的企业互动与制度合作；（5）邻近规模，在城区和特定地点范围内的企业互动和制度合作。从本质上讲，文化创意产业集群更侧重于产业的地理位置集中布局，而产业园区侧重于文化产业集聚，更强调与依托物理空间及相关行业汇聚而成的文化创意产业链。

由于各国的地理区位、发展条件和文化背景等方面都不尽相同，而且政府作用和引导方式也存在一定差异，文化创意产业集群的发展类型有所差异。鲍枫（2010）将文化创意产业集群按形成原因划分为文化式集群和区位式集群，按照集群结构可以划分为轮轴式集群和大饼式集群。文化式集群，是指文化创意产业的集群动力主要来源于共同的文化背景、发展思路、价值观念或制度环境。这种集群方式的优点在于，不但使集群内的各个参与企业具有较强的归属感，而且比较容易使这些参与主体之间形成良好的信任关系，从而有利于信息的流通，参与的企业之间大大加强了沟通与交流，同时也十分有利于产品的创作和交易。区位式集群，是指文化创意产业的集聚发源于特定的地理区位，或是靠近特殊的创意群体，也可能是靠近目标消费群体或是靠近交易市场。从发展趋势上来看，正是偶然集中于特定的地理区位，促进了文化创意产业集群的形成和发展。轮轴式集群，是指在多层次产业集群中，上游和下游企业之间存在着原材料供应、成品或半成品生产、成品销售的投入产出联系的复合型产业群体。大饼式集群实质上是指同一产业群体，即大量的生产相同或类似产品的企业聚集在一起，它与轮轴式集群的不同之处在于，大饼式集群中各个企业之间是一种替代关系，轮轴式集群内部各个企业之间是一种互补关系。

关于产业集聚的机制，不同学者有不同的观点和解释。上面我们介绍了马歇尔等学者的解释，也介绍了产业集聚的形态，以及产业集聚与文化创意产业园区的差异。在全球化背景下，产业集聚在今天有了新内容，新的交通技术、信息技术对世界生产和运输方式产生的影响深刻地影响了生产的空间分布。以往有关产业集聚的集聚动力研究，从产业地方化、城市、中心－外围三方面，以各自视角做了富有理论价值的探索。经济圈产业集聚的原动力在于集聚经济圈相对于其他区域的要素优势，产业一旦开始在集聚经济圈集聚，就会伴随着经济圈工业化进程的加深和要素禀赋优势的动态变化而对经济圈的产业和经济发展产生深远影响。要认识集聚经济圈产业集聚的规律必须坚持集聚经济圈整体产业集聚的研究视角，将产业集聚与经济圈要素禀赋的优势联系起来，在此基础上，从区域、产业与产业集聚三者相互关系，去考察集聚经济圈产业集聚的原动力与外部动力。因此，本章将从上海产业园区建设、上海创意产业集聚、长三角创意产业集聚的视角来分析上海创意产业的集聚发展。

（二）测度指标

学术界有多种指标可以用来测度产业集聚水平，比较具有代表性的有区位熵、行业集中度、赫芬达尔指数、空间基尼系数等。本小节将简要介绍这些测度指数，为下面章节分析上海及长三角文化创意产业集聚提供基础。

1. 行业集中度

行业集中度是指某一产业中前 n 个规模最大的企业的相应指标占

全国市场或者行业的份额，行业集中度从市场空间层面衡量了地区 j 行业 i 的产业集聚水平。该指标相对简单易行，较好地反映了某一行业内企业的垄断和竞争程度，以及某一行业的市场集中水平。但是必须看到行业集中度指数有一定的缺点：一是其没有考虑企业规模和企业总数对行业集中度的影响；二是没有反映产业在地理空间上的集聚，特别是对于文化创意产业而言，企业规模相对较小，简单用行业中相对规模较大的企业作为相应测算指标，不能够准确反映文化创意产业的集聚程度。

2. 区位熵

区位熵（LQ），又称为地方专门化率，能够对地方要素的空间分布状况进行衡量，常用来判断产业的集聚程度。一般地，常用测定指标有工业总产值、工业增加值、就业人数、销售收入等。公式一般记为：

$$L = \frac{Y_{ij} / \sum_i Y_{ij}}{\sum_j Y_{ij} / \sum_i \sum_j Y_{ij}}$$

其中，Y_{ij} 表示 i 行业在 j 地区的产出指标，$\sum_i Y_{ij}$ 表示 j 地区所有产业的产出指标，$\sum_j Y_{ij}$ 表示产业 i 在全国的产出指标，$\sum_i \sum_j Y_{ij}$ 表示全国所有地区所有行业的产出指标。一般地，若 L 的值越大，则表明该地区的产业 i 的集聚水平越高。具体关系可以刻画为表 3-1。

表 3-1 区位熵值的经济含义

区位熵的取值	经济含义
L > 1	产业 i 在地区 j 产业优势明显，集聚程度较高
L = 1	产业 i 在地区 j 产业集聚水平不高
L < 1	产业 i 在地区 j 产业集聚相对较弱

需要注意的是，区位熵并没有考虑企业规模因素的影响。也就是说，若一个地区的产业 i 只有几个规模很大的企业，但地区 j 的经济总量相对较小，则可能造成地区 j 在产业 i 上的区位熵较大，但实际上并不存在产业集聚的现象。

3. 赫芬达尔指数

赫芬达尔指数，起初是被用来衡量市场结构的一个指标，后来被用来衡量产业的集聚水平。具体地，赫芬达尔指数可以被刻画为市场份额平方的和，其实质上是给每一个企业一个市场份额权重。使用该指数研究产业集聚水平具有一定的优势：一是其主要考察微观企业的市场集中程度，同时考察了地区集中程度和企业总数与规模的影响；二是可以反映产业的市场垄断和竞争程度。但必须看到该指数也有一定的缺点，即不能够准确反映产业在地理空间上的集聚水平，以及忽略了研究区域不同的地理单元的面积差异及其他行业的空间分布。

4. 空间基尼系数

空间基尼系数是对基尼系数的拓展，主要用于反映产业带空间分布均衡性。其计算公式可以表示为：

$$G = \sum_i (S_i - X_i)^2$$

其中，S_i 表示地区 i 某一行业的规模占全国该产业总规模的比重，X_i 表示地区 i 所有行业的规模占全国所有行业规模的比重。常用的规模指标一般为行业人数、工业产值或增加值。

空间基尼系数改进了赫芬达尔指数的一些不足之处，考虑了不同地理单元面积大小的差异对产业集中度的影响，也考虑了全部行业的地理分布。但需要注意的是，空间基尼系数并没有考虑企业规模的差异，即基尼系数大于 0 并不表示有产业集聚现象。此外，使用空间基尼系数比较不同产业的集聚水平时，不同产业中企业规模或区域差异容易造成跨产业比较上的误差。

5. E‑G 指数

E‑G 指数是对空间基尼系数的扩展，其综合考虑了企业规模和区域差异对衡量产业集聚水平的影响，弥补了空间基尼系数的不足，使我们能够进行跨产业、跨区域和跨时间比较分析。

基于文化创意产业的基本特征以及数据的可得性，本课题将不考察企业规模的特征，即只考察行业的集聚情况。因此，课题组将分别使用区位熵指数作为分析上海和长三角区域文化创意产业集聚程度的测度指标。

三　上海创意产业集聚分析

（一）上海创意产业集聚的发展回顾

上海创意产业园区的政策与城市发展的进程阶段及战略取向有着密切联系。根据上海创意产业园区的发展历程，上海创意产业集聚的发展可以分为探索萌芽期、高速成长期和成熟发展期。不同的发展阶段有不同的特征，如下简述之。

1. 探索萌芽期：2004年之前

1990 年代至 2000 年代，中国正处于城市发展的重要历史转折时期，经济结构尚未完成从传统工业部门主导向现代制造业和服务业部门主导的转型。上海创意产业发展思路源于 1997 年上海第一次重大产业结构调整。1998 年上海市政府提出"都市型工业"概念。2000 年，上海正式启动"都市型"工业规划，一些市区内的厂房和仓库由于低租金而吸引了很多文化创意产业从业者入驻。上海市"十五"规划提出了2005年前在外环线内建成5~7个都市型工业示范区，内环线内建成200个左右都市型工业园区。于是，上海开始形成小范围的文化创意产业园区集群，也宣告了上海文化创意产业园区萌芽的开始。这一时期上海创意产业园区呈现零星式、单一型等特点。

2. 高速成长期：2005~2009年

2000年，上海确定了600平方公里的中心城区优先发展现代服务业、6000平方公里的郊区优先发展先进制造业的布局。但自2000年上海服务业在经济结构中所占比重达到了50%以后，这一布局一直处于徘徊状态。上海市政府开始注意到文化发展、深化体制改革与产业结构升级的相互关系。2005年，市政府开始酝酿城市产业转型，规划中心城区服务业实现增加值占中心城区生产总值的比重约为75%，希望通过淘汰劣势企业，以盘活土地存量、"腾笼换鸟"的方式，不断提升上海工业园区的产业能级。2004年中央批准上海试行文化体制改革试点方案后，2005年上海通过《上海实施科教兴市行动纲要》，要求上海的经济和社会发展以科学技术作为动力，在更高的层次上寻求经济和社会发展的科技支撑。2005年上半年，上海市首批挂牌的文化创意产业园区共计18家。至2007年，上海共成立了75个类似的创意产业园区，容纳了超过3000家的创业公司。为了促进这些企业发展，上海市采取了一系列优惠政策，最终推动了上海文化创意产业增加值的大幅度提升。这段时间内，上海成为中国创意产业发展最为迅速的城市之一。上海文化创意园区形成了以园区为中心，周边呈商业空间和文化休闲娱乐空间相互提升、拓展的同心圆式布局。在产业层面上，上海文化创意产业园区主题特色鲜明，在园区内形成了以主题产业为主的企业共生关系；政策维度也由产业导向型向经济综合型转变。

3. 成熟发展期:2010年至今

从2010年开始,为实现设计之都的建设,上海相关部门把"工业设计、时尚设计、建筑设计和多媒体艺术设计"等产业作为重点建设领域,为接下来近十年的文化创意产业发展奠定了坚实基础。前文分析了"十一五"以来上海文化创意产业发展的巨大成就,这一段时间上海文化创意产业呈现了成熟发展的特征。一方面,上海文化创意产业园区的发展开始注重创意空间、创意工作、创意生活三位一体的联动格局,不断形成了以园区为主题单元,商业和社区共生共存的布局模式。另一方面,上海创意产业园区开始重视园区的品牌建设,上海市政府还开始注重营造创意园区文化创意氛围、文化创意消费、文化创意态度等方面的城市软环境的政策。

(二)上海创意产业园区建设

1. 基本概况

经过近十年的发展,特别是自上海市文化创意产业推进领导小组办公室成立以来,把原先相关部门授予的"市级创意产业集聚区""文化产业园区"进行整合,实现了两牌合一,是继政策的统一等"六个统一"之后的第七个统一。2014年9月领导小组办公室对同时获得过市委宣传部和市经信委授牌的18家文化产业园区和创意产业集聚区授予首批上海文化创意产业园称号。12月授予第二批市级文化创意产业园88家。2016年1月,授予第三批市级文化创意产业园区22家。截至2016年,上海市共授予市级文化创意产业园称号128家。图3-1描述了上海各区市级文化创意产业园区建设情况。从图3-1可见,黄浦区产业园区数目最多,为15个;杨浦区紧随其后，为13个；虹口区、徐汇区和长宁区并列第三位，都拥有12个产业园区。

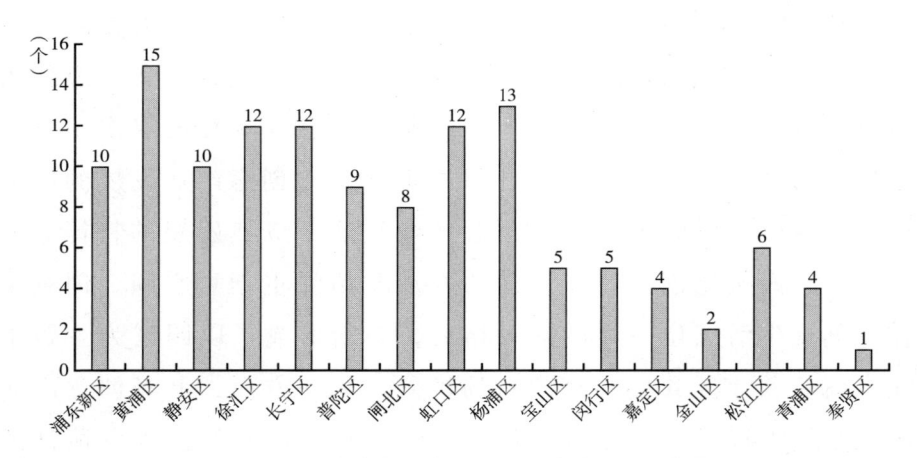

图3-1 上海市各区市级文化创意产业园区数量

注：根据公开资料整理。

各区数据：浦东新区10、黄浦区15、静安区10、徐汇区12、长宁区12、普陀区9、闸北区8、虹口区12、杨浦区13、宝山区5、闵行区5、嘉定区4、金山区2、松江区6、青浦区4、奉贤区1。

为进一步加强文化创意产业园区的示范带头效应，上海市文创办公室根据《上海市文化创意产业园区管理办法（试行）》和《上海市文化创意产业示范园区认定和管理实施细则》，评定了具有良好的品牌效应和较高的社会知名度，所入驻的企业注重品牌塑造，园区的品牌价值名列全市文创园区前列，相关企业和行业集聚的10个示范园区，名单如下：

1. 上海张江文化创意产业园区；
2. 国家对外文化贸易基地（上海）；
3. 八号桥；
4. 800秀创意产业集聚区；
5. 长宁德必易园；
6. M50艺术产业园；
7. 中广国际广告创意产业园；

8. 上海天地软件园；

9. 创智天地；

10. 越界创意园。

现对上海张江文化创意产业园区予以简单介绍，以窥上海文化创意产业园区发展之貌。

张江文化创意产业园区（简称张江文化产业园区）是全国首家国家级数字出版基地、国家文化产业示范园区、国家级文化与科技相融合示范基地。园区产值达到293亿元，企业总数480多家，涵盖数字出版、网络游戏、文化创意、动漫影视等上下游产业领域。

2015年，张江文化产业园区产业规模和影响力持续扩大，产值预计达到346亿元，同比增长18%；新增入驻企业70多家，累计入驻企业550多家，涵盖数字出版、网络游戏、网络视听、互联网教育、文化装备、动漫影视等上下游产业领域，其中年产值1亿元以上企业达到21家。"中国文化发展指数暨中国文化发展论坛"上发布的中国文化发展指数显示，上海张江文化控股有限公司入选中国文化产业园区100强榜单，排名第一。

2015年，以"四新"（新技术、新产品、新业态、新模式）为特点的张江文化企业强化与科技的融合，新成果不断涌现，如亮风台、果壳电子、喜马拉雅FM等。园区在基础服务方面改善物业品质，提升基地形象；在政策扶持方面落实扶持政策，支持企业发展；在功能平台建设上持续扩大影响力；在创新服务上对接资源、全面宣传、凸显差异竞争优势。

园区代表性企业发挥行业龙头作用，在带动产业发展上作用显著。更为突出的是，园区企业在产业链打造上趋势明显，相关企业在上下游合作上已经进入深层次阶段。

园区企业喜马拉雅FM与河马动画"联姻"共同开展音频内容版

权开发合作，将优质音视频内容联动转化，共同打造音视频 IP 内容库，并计划于喜马拉雅 FM 上线"喜马拉雅—河马动画"专区。阅文集团战略投资喜马拉雅 FM，并签署版权合作协议，将在文学作品的有声改编等 IP 衍生发展领域共谋合作。PPTV 聚力携手阅文集团，阅文集团作为 IP 的发生方，PPTV 聚力作为媒体平台，将在开放合作的基础上，打通产业链，深入 IP 开发制作过程，以保证 IP 价值在出版、影视、游戏、动漫、音乐、周边等各产业领域的充分开发、优质开发。

文化与科技的紧密融合是张江文化园区的重要特征之一。2015 年，张江园区继续发挥这一特色优势，通过文化融合，不断打造创新成果。园区企业众人网络安全技术有限公司自主研发的中国第一代动态密码技术和产品，被评定为"填补国家空白，国际先进水平"，获第 10 届亚洲品牌盛典"亚洲名优品牌奖"，"'码码密'公共区域安全网络管理系统"荣获 2015"上海智慧城市建设十大创新应用奖"。2015 上海工博会上，ME 携最新媒体形态——H5 亮相张江园区展台，展示了 H5 作为与时俱进的媒体形态无法比拟的移动端体验优势。亮风台信息科技有限公司正式公布了 HiARGlasses 增强现实智能眼镜原型机，这是国内第一款自主研发、基于视觉增强现实的智能眼镜，在真正意义上实现了立体全息成像效果。

2. 空间集聚特征

翁加坤、王红杨（2012）认为当前创意产业园区研究主要集中在发展策略方面，对于空间分布特征及形成机制研究较少。他们着重从地理空间视角，通过对地理数据的精确计算，以上海分 4 个批次的创意产业园区为样本，分析了上海园区分布的动态发展规律以及探讨了上海创意产业园区集聚的主要机制。课题组对他们的研究简述如下。

根据上海产业园区之间的空间距离，使用空间类聚分析方法[①]和集聚程度判读方法[②]。他们的研究发现，第一批创意产业园区集中于静安区、黄浦区和徐汇区，在各个区内空间分布较为零散，没有明显的空间积聚特征，只形成了4个较小的集中区域，其他园区则呈点状散落在上海各区。第二批园区在第一批园区的基础上进一步集中，但空间分布仍然较为分散。第三批创意产业园区基本上在前两批形成的产业园区范围内分布和发展，主要集中在长宁区和虹口区。第四批的结果显示，上海创意产业园区分布范围明显扩大，不再局限于内环线；用地来源也变得多样化，不再局限于老建筑改造，而是兴建了一批产业园区，或在原来工业园区的基础上加以改造，如图3-2所示。

3. 发展模式与特征

上海文化创意产业园区具有如下几个特征（峦峰等，2013）：（1）上海中心城区市属挂牌文化创意产业园区的分布有明显的时代特征和政府导向；（2）创意产业园区多集中于相对成熟的城市建设地段，且与城市公共中心保持着适度的紧密关系；（3）创意产业园区的分布与良好的交通有着密切关系；（4）创意产业园区与高校及科研院所形成了紧密的地理接近特征；（5）相当部分创意产业园区的分布还清晰地反映着产业的前后向联系特征；（6）上海文化创意产业园区有着明显的历史文化传承。也就是说，上海文化创意产业园区的发展是政府主导下，在结合了历史传承与上海经济发展实际情况的基础上进行的。

---

① 类聚分析是定量研究地理事物分类问题和地理分区问题、多要素事物分类问题的数量方法，将一批物体或变量按照它们性质上亲疏远近的程度进行分类。
② 主要使用最邻近点指数的方法进行测量，判别园区的集聚程度。最邻近点指数是以随机分布的状况作为一种标准去衡量实际的点状分布的测量方法。

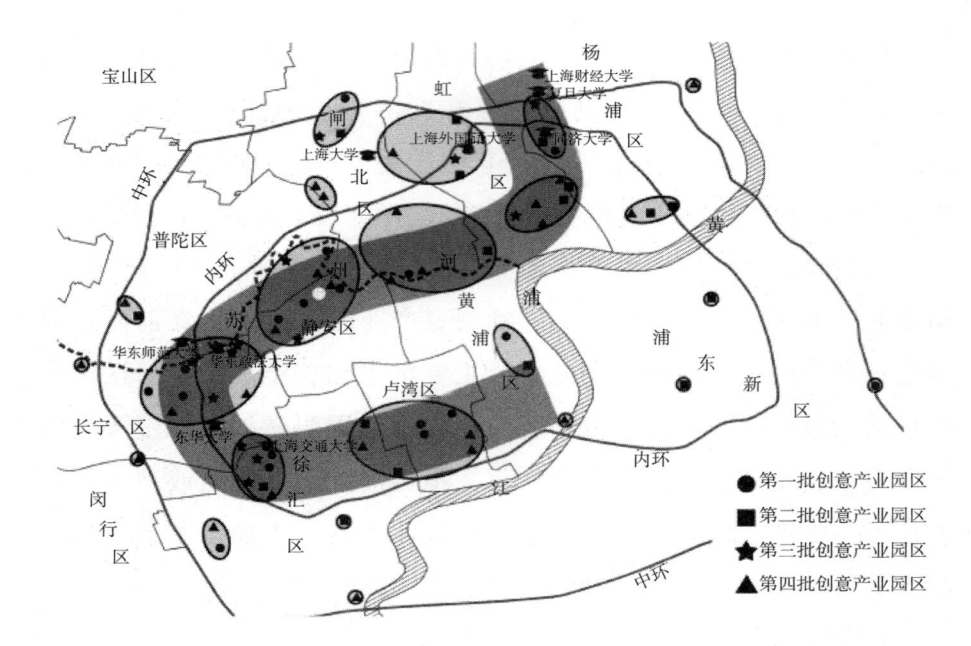

图 3-2　上海创意产业园区空间分布情况

资料来源：翁加坤、王红杨著《上海创意产业园区空间集聚特征研究》，《华中师范大学学报》（自然科学版）2012 年第 46 卷第 6 期。

综合何柳（2016）和翁加坤、王红杨（2012）的研究，上海文化创意产业园区的发展模式和发展机制可概括为如下几点。

（1）厂房改造型（也可称之为旧城改造）。随着上海产业结构的调整，传统工业逐渐被服务业和现代工业所代替。上海市政府推出了一系列保护性开发政策，鼓励一些文化创意型人才和创意企业入驻园区。据统计，这一类园区约占上海创意产业园区总量的 2/3。具有代表性的是苏州河两岸的发展：苏州河两岸是中国近代工业的发源地，苏州河沿岸创意产业带以河岸经济开发和旧区改造为契机，充分利用苏州河沿岸的老厂房、老仓库，以及其他历史建筑资源，正在建设一批以设计、动漫游戏、媒体广告等为特色的创意产业。

（2）知识溢出型。这一模式是主要建立在上海院校或科研院所品牌上的一种发展模式,比如依托同济大学建筑专业优势打造的环同济现代建筑设计园和依托上海交通大学建立的上海慧谷高科技创业中心等。

(3) 中心城区优势资源。城市中心区域汇集了各类前沿信息,集中了一批具有历史价值的老厂房,为上海创意经济园区建设提供了得天独厚的条件。使用 Google 地图以"创意产业园"为关键词搜索,可发现创意产业园区大部分集中在上海中环路以内或附近。图 3-3 展示了 2012 年上海内环路和中环路以内创意产业园区分布情况。

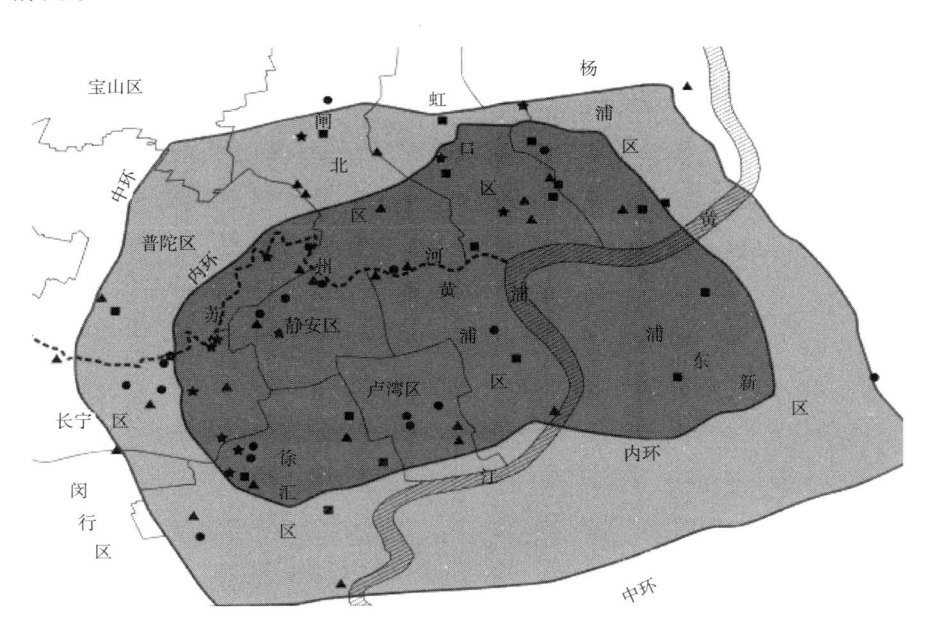

图 3-3 内环路和中环路以内园区分布情况

资料来源:翁加坤、王红杨著《上海创意产业园区空间集聚特征研究》,《华中师范大学学报》(自然科学版) 2012 年第 46 卷第 6 期。

(4) 政府创造型。政府根据经济产业结构以及产业规划而创建的产业园区,典型的代表是张江文化创意产业园区,在上面小节中课题组对该产业园区做了具体的介绍。类似的产业园区也较多，往往也是和厂房改造型相结合，而非泾渭分明。

专栏 3-1 上海文化创意产业园区服务单位：
创意产业中心和创意产业协会

上海文化创意产业园区取得了优异的成绩，文化创意产业园区已经成为上海经济社会生活的靓丽风景。上海创意产业园区的后续发展离不开创意产业中心和创意产业协会的后续支持和服务。

创意产业中心，成立于 2004 年 11 月 6 日，于 2005 年 1 月 8 日正式挂牌运行。上海创意产业中心是经上海市经济和信息化委员会、上海市社团局批准设立，从事推动上海创意产业发展的专门机构。根据规定，上海创意产业中心为民办非企业单位，是由非官方的机构组成，注册资金也是非财政资金，上海创意产业中心的业务主管部门为市经委，因此，上海创意产业中心的性质为民非组织。

十年来，上海创意产业中心充分发挥全社会创意产业资源优势，积极配合政府制定上海创意产业发展规划及策略，强化导向、构筑平台、推动集聚、形成体系，发挥中心的综合性平台作用，调动各创意产业企业和机构与创意人才的积极性，整体推进上海创意产业发展。

上海市创意产业协会成立于 2005 年 8 月，是全国创意产业领域诞生的第一家协会，由上海戏剧学院、上海社会科学院、上海文广集团、上海实业集团发起筹备，经中共上海市委宣传部、上海市经济信息化委员会、上海市民政局和上海市社会团体管理局批准成立，是具有独立法人资格的社会团体。

上海市创意产业协会是跨部门、跨地区和跨行业的非营利社会组织。上海市创意产业协会旨在通过整合创意资源和集聚创意人才，建立创意产业的发展平台；通过合作交流、咨询培训、中介服务、会展招商、出版发行等，为会员开拓国内外市场服务；建立创意产业测评体系；促进创意产业知识产权保护、专利申请；维护会员合法权益。

上海市创意产业协会由团体会员和个人会员组成。团体会员包括创意产业园区、创意基地，文化传媒、信息软件、生活时尚、广告、出版、城建规划设计等领域企事业单位、相关高等院校及科研院所等。个人会员为在创意相关领域做出贡献，并有一定社会影响力的业界精英。

上海市创意产业协会由著名经济学家、十一届全国政协副主席厉无畏先生担任会长，著名经济学家、国际创意产业之父霍金斯任国际顾问，下设18个专业委员会和若干中心等。专业委员会和团体会员（单位）是协会集聚资源和开展活动的主要载体。

资料来源：创意产业中心和创意产业协会网站。

（三）上海文化创意产业集聚测算

使用区位熵测度方法计算上海市文化创意产业的区位熵，从而进一步分析上海文化创意产业的集聚情况。表3-2分别给出了以国民生产总值和第三产业为参数的区位熵指数。

表3-2 上海文化创意产业区位熵指数

年份	2007	2008	2009	2010	2011	2012	2013	2014
参数：国民生产总值	2.33	2.31	2.22	2.10	2.16	1.88	1.62	1.58
参数：第三产业总值	1.83	1.77	1.66	1.62	1.65	1.42	1.20	1.17

数据来源：课题组根据相关数据计算。

根据表3-2，可以发现不论是以国民生产总值还是以第三产业总值作为参数来计算，上海文化创意产业区位熵集聚指数都大于1，也就是说上海文化创意产业集聚水平高于全国平均水平。此外，还有一个显著性规律：上海文化创意产业集聚水平不断下降。也就是说，自2007年以来上海文化创意产业的集聚效应受到其他地区和城市的竞争，从而使其地位有所下降。

表3-3给出了2007~2014年北京和上海文化创意产业区位熵集聚指数的比较情况，可以发现北京文化创意产业集聚程度要远高于上海的集聚水平。和上海一样，2008年之后北京文化创意产业集聚水平也在不断下降，由2008年的4.99下降到2014年的3.48。这从另一个侧面说明了我国文化创意产业发展的不均衡程度有所缓解。

表3-3　上海与北京文化创意产业区位熵集聚指数横向比较

年份	2007	2008	2009	2010	2011	2012	2013	2014
上海	2.33	2.31	2.22	2.10	2.16	1.88	1.62	1.58
北京	4.22	4.99	4.86	4.37	4.30	3.54	3.39	3.48

数据来源：课题组根据相关数据计算。

（四）上海创意产业集聚影响因素分析

创意产业集聚区的发展不是偶然的，而是在很多因素的共同推动作用下发展起来的。创意产业是社会经济发展到一定阶段的必然产物，是一种新的产业发展方向。良好的经济环境是创意产业集聚区形成的基础。从创意产业的内涵来看，文化无疑是创意产业的主要要素，因此上海创意产业集聚区的发展离不开雄厚的文化根基以及丰富的创意人才。无论是自发形成的还是其他类型的创意产业集聚区，政府在相关政策引导和支持方面也起到了至关重要的作用。以下简要分析推动上海文化创意产业集聚发展的几个因素，发现其都离不开政府的大力支持，在上海创意产业集聚区形成的过程中，处处可见政府的作用。

1. 经济发展是基础

上海作为我国中心城市、长三角的龙头，在我国经济和社会发展中具有举足轻重的地位。改革开放以来，上海国民经济保持高速增长，逐步具备了国际经济、金融、贸易和航运中心的国家战略地位。上海经济发展水平和经济增长速度都位居全国前列，经济结构优化程度高，产业结构合理。上海的经济发展开始由投资驱动向创新驱动阶段过渡。以创新为核心、以知识产权为依托、有利于文化与经济相结合的创意产业在上海不断崛起与集聚。

2. 历史文化传统深厚

上海是中国最早向世界开放的城市，具有悠久的对外开放历史，是西方文化输入的窗口，是中西文化交汇的融合之地。上海作为一个金融和贸易中心，是中国对外贸易的窗口。上海是中国最早的工业发源地，大量优秀历史工业建筑浓缩了1840年代以来上海城市和工业文明的发展史，记载了中国工业从起步到发展壮大的印迹。目前，上海可开发利用的工业优秀历史建筑约100处，体现了上海工业在不同时期的独特风格和艺术特色，它们是上海民族工业的见证，也是上海民族工业发展历史的缩影，拥有相当高的历史文化价值，又适宜进行内部改建，为上海发展创意产业提供了得天独厚的优势资源。比如上海最早的创意产业集聚区"田子坊"，就是在1950年代的弄堂工厂的基础上改建而成。独特的上海文化为上海发展创意产业提供了良好的文化基础，雄厚的文化底蕴成为上海发展创意产业、建设创意产业集聚区的动力源泉。

3. 创意人才是重要推动力

上海是我国教育最发达的城市之一，拥有复旦大学、上海交通大学、同济大学等七所全国重要高等学府，拥有中科院的十余个研究院所，还拥有众多国家部属研究机构。2016年，上海专业技术人员队伍总量为118.04万人，其中具有大专以上学历的人员为72.96万人，占总数的61.81%，比上年提高1.22个百分点。中专和高中学历人数分别为27.95万人和17.13万人，占专业技术人员总数的比重基本与上年持平。上海积极实施人才战略，集聚高层次人才。至2016年底，上海共有两院院士148名，同时，享有国务院特殊津贴的专家近万名，国家突出贡献中青年专家343名，国家973项目首席科学家17名，在站博士后1100多人，同比增长15%，形成了一支高层次学术技术带头人队伍，在国内位居前列。同时，上海集聚海外高层次人才速度加快，到2016年底，共引进各类回国留学人员3.2万人，比"九五"期末净增1.13倍；留学人员创办企业2100多家，同比净增1.3倍。留学人员企业注册资金超过3.7亿美元，同比净增近五成。上海集聚了丰富的高素质、创造力强的人才，随着城市辐射力的增强，还将继续吸引更多的人才来上海创业，为创意产业提供优秀的人才资源。

4. 政府的大力支持

上海市政府从1990年代开始，就提出了以保护、开发和利用工业历史建筑为切入点，发展创意产业的构想，并先后为发展创意产业及引导创意产业集聚区由自发形成到规范发展出台了一系列的政策举措。2004年9月，上海市文化工作会议提出，要依托创意产业实现文化产业跨越式发展。同年10月，张江文化科技创意产业基地挂牌成立，12月，由市委宣传部等发起的首届上海国际创意论坛召开，并形成了每年召开一次的定期机制。2005年4月，由上海市经济委员会（简称上海市经委）牵头成立了上海创意产业中心，该中心负责每年发布《上海创意产业发展报告》和编制上海城市创意指数。2005年11月，上海市经委和市统计局首次编制和发布了《上海创意产业发展重点指南》。2006年上海市政府提出，创意产业要成为上海第二、第三产业发展新亮点，成为带动其他产业快速发展的"火车头"。2005~2007年，上海市政府先后分四批对总计75家创意产业集聚区进行了授牌。目前，上海已经形成成熟的文化创意产业管理机构，出台了较为完善的创意产业发展规划纲领，也颁布了推动上海文化创意产业发展的各种优惠政策措施。这都是推动上海文化产业发展，使其集聚水平高于全国平均水平的重要保障。

专栏3-2 上海文化创意产业代表性品牌：上海英雄

英雄是中国知名的老字号钢笔品牌，创始于1931年。现英雄牌钢笔为中国驰名商标与中国名牌产品。英雄钢笔的创始人为周荆庭，他于1931年在上海创办了华孚金笔厂。到1940年代，该厂已成为中国首屈一指的制笔大厂，华孚金笔也与金星、博士、关勒铭并称上海四大名笔。

历史发展过程中，英雄比较著名的作品有"100英雄"金笔、"英雄200"金笔。1980年代末，英雄占据了中国70%以上的市场份额，稳坐业界头把交椅。自1980年代起，英雄金笔先后被用于许多重要场合：1984年《中英联合声明》、1987年《中葡联合声明》、2001年《上海合作组织成立宣言》、2001年《中国加入世贸组织议定书》等重要文件的签署使用的都是英雄金笔。

2003年，英雄金笔厂被上海海文（集团）有限公司接手，改制为上海英雄金笔厂有限公司。2006年，海文集团改名为上海英雄（集团）有限公司。不过，随着中性笔的出现与计算机的普及，钢笔市场逐渐萎缩，英雄也遭遇了经营的困境。为此，英雄钢笔现已转型向礼品、纪念品方向发展。就英雄集团而言，过去是以笔类市场为主，现在提出向文化用品市场开拓；2011年，还专门整合了笔类产品的销售资源，成立了上海英雄集团文化用品销售有限公司，集约化地发展"英雄"品牌。

资料来源：根据公开资料整理。

四　长三角创意产业集聚研究

（一）发展整体概况

长三角城市群是中国最大、世界排名第六的城市群。改革开放以来，长三角地区经济社会发展取得了举世瞩目的成就，已经成为国内发展基础最好、体制环境最优、整体竞争力最强的地区之一，在国际上也拥有相当的知名度。2010年，在国家发改委颁发的《长江三角洲地区区域规划》中，长江三角洲区域主要指上海市、浙江省和江苏省，区域面积21.07万平方公里。规划以上海市和江苏省的南京、苏州、无锡、常州、镇江、扬州、泰州、南通，浙江省的杭州、宁波、湖州、嘉兴、绍兴、舟山、台州等16个城市为核心区，统筹两省一市发展，辐射泛长三角地区。该规划首次将"区域一体化进程"由学术概念上升到了国家战略的层面，并提出了以"现代服务业和先进制造业"为主的长三角区域产业发展目标。2016年，国家发改委和住建部联合颁发的《长江三角洲城市群发展规划》（简称《规划》）把安徽的合肥、芜湖、马鞍山、铜陵、安庆、滁州、池州、宣城8城容纳到长三角城市群中，此外还增添了浙江的金华和江苏的盐城。

从图3-4中可见，经济总量上江苏排在长三角地区第一位，安

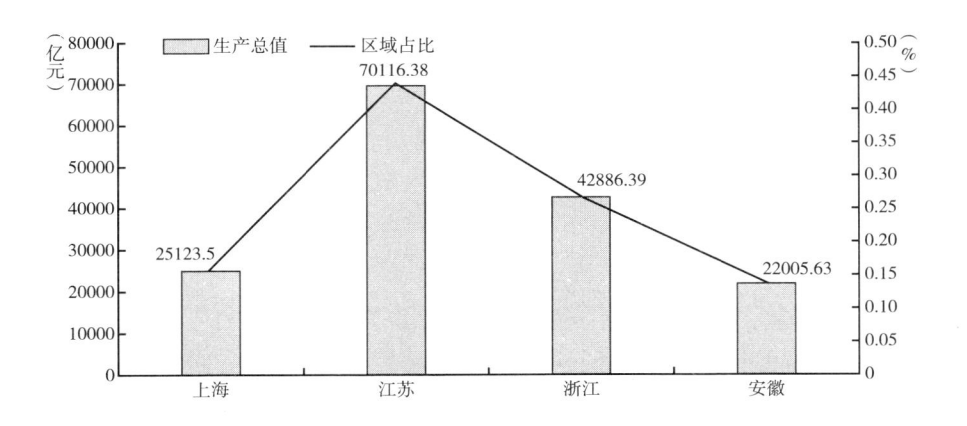

图 3-4　长三角地区经济发展概况

徽排在倒数第一位。但是从人均水平来看，从高到低排序分别是上海、江苏、浙江和安徽，其中上海人均 GDP 达 10.38 万元，是安徽的 3 倍。江苏和浙江人均 GDP 分别为 8.8 万元和 7.8 万元。总体来说，除安徽外，其他三个省份还是比较均衡的。

在国家加强区域一体化建设的大背景下，上海、浙江、江苏和安徽等省市以此《规划》为契机，为了加快长三角文化创意产业的协作与融合，进一步优化长三角信息、技术、人才、资本的流通与共享，2011 年，由上海创意产业中心牵头组织，上海、南京、杭州、苏州、无锡、常州、镇江、扬州、南通、盐城、泰州、淮安、徐州、宁波、嘉兴、湖州、绍兴、舟山、台州、衢州、金华、合肥、马鞍山23 个城市的相关行业协会、园区和企业，共同组建了"长三角文化创意产业联盟"，通过推行长三角文化创意产业推进计划，组织考察互访、产业论坛、讲座培训、"文化创意产业金鼎奖"评选等活动，助力长三角地区的产业升级和经济转型。经过几年的发展，长三角文化创意产业联盟已经走出长三角区域，不断加强与国内其他城市以及国际上文化创意产业发达城市之间的交流与合作。

（二）三省创意产业情况

根据冯根尧（2016）的论述，我国目前已经形成六大文化创意产业集群，分别为：以北京为主的首都文化创意产业集群、以上海为主的长三角文化创意产业集群、以广州和深圳为中心的珠三角文化创意产业集群、以昆明和大理为主的滇海文化创意产业集群、以西安和重庆为主的川陕文化创意产业集群、以长沙为核心的中部文化创意产业集群。表3-4描述了长三角区域重要城市的代表性创意产业园区，充分说明除上海文化创意产业外，其他重要城市的文化创意产业发展也取得了重要成绩。因此，应当以区域发展的视角来分析上海文化创意产业的集群发展。

表3-4 长三角文化创意产业集群

覆盖城市	主要园区
上海	八号桥、M50、同乐坊、田子坊、绿地阳光园、汇丰等
南京	南京1912、南京高新动漫、南京石城现代艺术创意园等
杭州	LOFT49、国家动画产业基地、西湖创意谷、之江文化创意园
合肥	音谷文化创意产业园、国家级动漫和服务外包基地、"世界之窗"科技创意产业园
苏州	创意泵站、苏州工业园区国际科技园等

资料来源：课题组根据公开资料整理。

1. 江苏文化创意产业发展概况

江苏文化底蕴深厚，经济和科教实力领先，有着丰富的创意资源和旺盛的创意需求，发展文化创意产业具备优势条件。江苏省现有各级文物保护单位4300多处、非物质文化遗产名录项目4657项，有国家历史文化名城11座、名镇19座、名村3座，这些都为江苏省发展文化创意产业提供了坚实的基础。近年来，江苏省委省政府将文化创意产业纳入文化强省建设总体战略和文化建设工程实施计划,在政策引导、资金扶持、科技支撑等方面实施有效举措,大力推动文化创意产业加速发展。按照国家统计局颁布实施的《文化及相关产业分类(2012)》标准统计,2012年江苏文化创意和设计服务业实现增加值409.7亿元,占全部增加值的近20%,绝对量在文化产业十大类行业中仅次于文化用品生产,居第二位。根据文化部2014年底发布的统计数据,江苏文化产业综合指数在全国排名由2013年第6名,跃升至第2名,位居全国前列。

（1）文化产业总量稳步提升。在制造业快速增长的同时,近年来江苏文化创意产业也以较快的速度发展。2011~2013年,全省文化产业增加值连续3年保持25%左右的增幅。2011年实现增加值1792亿元,占GDP比重为3.69%;2012年实现增加值2330亿元,占GDP比重为4.31%;2013年实现增加值2883亿元,占GDP比重为4.79%。2014年,江苏省文化产业综合发展指数位居全国第二,增加值超3000亿元,占GDP比重超5%,初具国民经济支柱产业形态。在全省GDP保持8.7%增速的情况下,文化产业增加值仍持续保持两位数以上的增长,充分表明文化产业已成为国民经济新的增长点。

（2）规模企业发展迅猛。目前,全省共有文化法人单位10万多家,从业人员达120多万人次,其中年收入500万元以上规模企业6000余家,法人单位数量和规模企业数量分别比2011年度增加230%、2000%。省广电总台、广电网络公司、凤凰出版集团成功入选"全国文化企业30强",特别是江苏凤凰出版传媒股份有限公司于2011年成功上市,融资44.8亿元,目前市值已超过243.29多亿元,成为资本市场中文化产业领域的龙头老大。

（3）产业发展重点突出。江苏文化创意产业发展重点突出,一些行业如影视动漫、出版发行、软件服务和广告服务行业在全国处于领先的地位，优势明显。据统计，2014年，全省广播电视实际创收245亿元，城市影院票房20亿元，新闻出版业营业收入超过11751亿元，均居全国前列；此外，还有17部动漫片在央视播出，9部动漫作品被评为国家优秀动漫片，4个动漫创意被列入"国家动漫品牌建设和保护计划"，数量领先全国。影视动漫、出版发行、软件服务、广告服务等文化创意行业由于起步早、发展快、效益显著，已成为推动江苏文化创意产业发展的重要支撑。

2. 浙江文化创意产业发展概况

（1）园区规模迅速扩大，产业产值不断增长。近年来，浙江省把文化产业园建设作为文化产业集聚发展的主要平台，文化产业园的数量不断增多，产值加快增长，规模不断扩大。据浙江省统计局最新调查结果，到2015年年底，浙江省专业化、规模化、集约化的文化产业园有135个，较2010年增加了62个。文化产业增加值为1275亿元，近4年文化产业增加值年均增长24.9%。浙江省产值超过10亿元的文化产业园有27个，较2010年增加10个；产值超过5亿元的园区有39个，较2010年增加16个；排前10位的园区文化产业总产值超过546亿元，总资产约193亿元。全省文化产业园区产值排名第一的是浙江横店影视文化产业实验区，文化产业总产值约163亿元，连续3年增长30%以上，仅影视企业上缴税费就超过15亿元。从近年的发展状况看，虽然各文化产业园区发展速度不同，但总体排名基本变化不大。

（2）服务平台不断健全，服务能力加快提升。文化产业园的集聚发展需要众多公共服务平台的支撑，才能提高产业园的管理能力和服务水平。目前，浙江省135个文化产业园中，服务机构的产业园有35个，为进驻园区的企业提供从企业注册、人才招聘、融资到产品开发等全方位服务。有42个产业园开通了各类网络平台，提供信息发布、沟通交流、产品营销等服务，不同产业类别的产业园提供了不同的信息服务。有25个产业园建立了园区内的企业融资机构，与各种银行签订战略合作协议或提高资本授信额度，引进资本投资公司，有的还建立了股权投资机构，千方百计为企业资金提供保障。还有20个产业园建设技术服务平台，为产业园内入驻企业解决共性问题。有12个产业园建立销售平台，有9个产业园建立了知识产权服务平台，有12个产业园建立了学习培训和创业孵化平台。

（3）产业集中度总体提高，产业链不断延伸。全省135个文化产业园总资产约721亿元，园区内企业约1.5万家，就业人数约为32万人，实现利润约119.36亿元，排名前10位的园区企业数量约5800家。近4年来，排名前10位的园区有8个园区的企业数量有所增加，只有仙居中国工艺礼品文化创意产业园、青田县石雕文化产业集聚区的企业数略有下降。园内文化产业企业占比不断提高，其中100%是文化产业企业的园区有30个，60%以上是文化产业企业的园区有105个，产业发展特色更加明显。随着某类文化产业的加快发展，产业集聚转化为集聚效应，相关企业加快进驻园区，产业链加快延伸，资源利用效率不断提高。如杭州数字娱乐产业园自2004年创建以来，由当初的42家企业发展成为500多家企业，其中骨干互联网企业166家，业务涵盖动漫制作、软件开发、网站管理、技术服务、广告摄制、衍生产品及服务经营等，产值由2亿元增至2015年底的12.76亿元，成为国内重要的数字娱乐产业集聚地。又如运河天地文化创意产业园由广告业务延伸发展成为产品展示交易和推介平台，杭州江干东方电子商务园建成了淘宝网商园、电子商务创新基地、神州移动电商平台等。

（4）扶持政策不断完善，优惠措施更加具体。政策倡导与财政扶持对于文化产业园的集聚发展有着重要作用。除了浙江省委、省政府出台的一系列政策性文件，各地结合文化产业园的实际出台了很多针对性强的政策措施。全省有122个文化产业园享受到优惠政策，有30个产业园享受专门的扶持政策，如针对浙江横店影视文化产业实验区，在2012年省委、省政府专门制定了政策。针对宁波文化广场，宁波市政府专门制定了扶助政策及考核办法。有25个文化产业园对园内企业采取了有针对性的具体帮扶措施，如杭州山南国际设计创意产业园、温州国智文化创意产业园。有37个文化产业园为了增强企业入驻吸引力，实行了租金减免、低价租赁或租金补助等措施，对入驻产业园的企业实行租金优惠。有20个文化产业园有财政性专项资金补助，补助金额从十几万到一千多万不等。

3. 安徽文化创意产业发展概况

2009～2013年，全省文化创意和设计服务业法人单位年均增长30%，比全省文化产业法人单位增速高8.8个百分点。文化创意和设计服务业法人单位占全部文化产业法人单位的比重由2008年的24.6%提高到2013年的35.1%；投资额为195.1亿元，比上年增长3.9%。

由数据可以看出，安徽省的支柱性产业为农业和工业，文化创意产业所创造的产业增加值仅占安徽第三产业的0.7%。农业作为一个传统型产业，其本身所带来的经济附加值低于工业服务业，这也是安徽省GDP一直位于全国中游稳步不前的原因之一。由于自然环境及现代农业技术的限制，农业本身发展弹性小，后推力不足，而文化创意产业作为新兴的朝阳性服务产业，所带来的经济效应和附加利益，会促进安徽的产业结构得到相当程度的优化，增强产业发展的多样性，实现可持续发展。文化创意产业在2012年所创造的增加值为

92.43亿元，占全省第三产业增加值（5628.48亿元）的1.64%，较2010年的1.53%有了长足的进步。省属出版、发行、演艺、广电等集团2013年实现营业收入288.53亿元、利润总额14.34亿元。安徽出版集团和安徽新华发行集团销售收入和资产总额双双突破百亿大关，再次入选全国文化企业30强。

（三）长三角创意产业集聚

表3-5汇报了上海、江苏、浙江三省市，以及以三省市为基础的"长三角"区位熵指数。以生产总值作为参数计算时，可以发现浙江的指数不断增加，而上海的指数不断减小。长三角的文化创意产业区位熵指数在2013年略有下降后又于2014开始增加。这说明上海文化创意产业向浙江和江苏发生了转移，也就是说文化创意产业结构在长三角处于调整优化中。囿于无法获得更详细的数据，很遗憾不能进一步分析到底是哪些产业在长三角省市之间发生了转移。以第三产业作为参数计算时，上海依然逐年降低，江苏较为稳定，浙江逐年增加，长三角指数也是在2013年略有调整后2014年又开始增加。这个趋势和使用生产总值作为参数计算时是一致的。因此，有充分的理由可以判断，长三角要素市场流动性较强，省市间的文化创意产业处于动态变迁和优化调整中。

表3-5 长三角文化创意产业区位熵指数

年份	生产总值指数				第三产业指数			
	上海	江苏	浙江	长三角	上海	江苏	浙江	长三角
2012	1.88	1.27	1.35	1.41	1.42	1.33	1.36	1.36
2013	1.62	1.24	1.37	1.35	1.20	1.32	1.40	1.32
2014	1.58	1.29	1.45	1.39	1.17	1.32	1.46	1.33

资料来源：根据相关数据计算。

五　本章小结

本章首先介绍了产业集聚的相关理论研究，产业集聚对文化创意产业起着重要的作用。文化创意产业集聚的基本表现就是文化创意产业园区，通过对上海文化创意园区历史、现状的特征分析，可以发现上海文化创意产业园区与上海历史、经济变迁、政府支持等都有着密切联系。本章还使用区位熵指数测度了上海产业集聚情况，分析了长三角文化创意产业发展概况，并对比分析了长三角核心省份以及长三角整个区域的产业集聚情况。可以发现，上海文化创意产业与长三角省市的产业集聚程度要高于全国平均水平，而且省市间处于不断流动调整优化中。上海经济发展，应该综合考虑区域发展，发挥各区域资源的比较优势，充分发挥市场的作用，促进区域间要素自由流动。本章研究的基本政策建议是：以区域发展的视角考察上海文化创意产业和制定相关政策。

参考文献

杨永忠、黄舒怡、林明华：《创意产业集聚区的形成路径与演化机理》，《中国工业经济》2011年第8期。

栾峰、王怀、安悦：《上海市属创意产业园区的发展历程与总体空间分布特征》，《城市规划学刊》2013年第2期。

何柳：《上海文化创意产业园发展历程及模式分析》，《中国报业》2016年第24期。

梁君：《区域文化产业升级机制与路径》，广西师范大学出版社，2016。

翁加坤、王红杨：《上海创意产业园区空间集聚特征研究》，《华中师范大学学报》（自然科学版）2012年第46卷第6期。

第四章 上海创意产业联动研究

一 引言

创意经济对经济增长的贡献不仅表现在对产业增加值和就业的直接影响，也表现在对其他的影响。从产业价值链的视角剖析一个产业或一类产业对其他产业的关联影响，不仅有助于分析该产业的特征，而且有助于相关政策制定。就文化创意产业而言，文化创意产业可以通过产业价值链链接相关产业，对所拥有的文化资源优化配置。产业之间关联关系实际上就是各产业相互之间的供给和需求关系，基于投入产出表分析产业之间互联关系是重要的一种方法。具体地，可以通过投入产出表计算某一特定产业的耗散系数、分配系数、影响力系数和感应度系数等。

本章将基于2012年上海投入产出表计算上海文化创意产业与其他产业的互联关系，并与基于2005年投入产出表所计算的相关系数进行了纵向比较分析，以比较分析上海和北京创意产业发展的差异。研究结果发现，北京和上海文化创意产业的确存在显著差异性。整体上讲，与北京相比，上海文化创意产业的产业关联性要弱于北京，还有较大的提升空间。

本章余下内容安排如下：第二部分介绍产业联动的相关研究；第三部分基于投入产出表分析上海市创意产业联动效应；第四部分对比分析上海与北京产业联动的情况；第五部分分析上海规模以上文化服务企业的发展情况；第六部分总结本章。

二　产业联动相关研究

产业关联理论一般又称为投入产出理论，该理论是对各产业之间的投入产出与产业间的技术经济联系予以量化分析，从而能为一国或地区进行产业结构分析、制定和执行相关产业发展规划及相关政策提供理论依据。在任何社会经济活动中，产业并不是孤立存在的。一方面，产业发展所需要的资源因素会来自其他产业的成果；另一方面，本产业的发展可以为其他产业的发展提供相应供给要素。产业之间供给和需求的关系构成了整个社会经济的复杂和密切的产业联系，支撑了整个社会经济活动的开展，可概括为产业关联（冯臻，2016）。产业关联理论是在不同学者的理论基础上逐步发展完善的，这些理论基础包括了魁奈的"经济表"理论、马克思的"再生产理论"、瓦尔拉斯的"一般均衡理论"和列昂惕夫的产业关联理论。

魁奈的"经济表"理论可谓产业关联理论的最早理论渊源。他最早使用图示的方法对整个社会大生产过程中两大产业（工业和农业）进行了投入产出分析，这种具有历史开创性的分析方法对后来的产业关联理论及投入产出理论产生了深远的影响。

马克思的"再生产理论"则从实物补偿和价值补偿两方面来分析社会总产值的实现，并采用再生产图示来揭示社会再生产过程。总的来说，马克思的"再生产理论"对产业的划分、宏观经济数学模型的建立、经济运行规律的揭示及所包含的均衡思想具有划时代意义。尤其是马克思提出按生产活动性质把产业部门分为物质资料生产部门和非物质资料生产部门两大领域。按物质产品属性，物质资料生产部门又分为生产"生产资料"的部门和生产"消费资料"的部门。这种两大部类产业分类方法开创了产业分类的历史先河。同时，再生产理论中的结构均衡思想和总量均衡思想也为随后瓦尔拉斯的"一般均衡理论"的提出奠定了思想基础。

瓦尔拉斯的一般均衡理论。1874年法国经济学家瓦尔拉斯在其论文中提出了一般均衡理论。该理论自然而然地成为产业关联理论的第三个代表性理论渊源。一般均衡理论认为当整个经济系统处于均衡状态时，系统中所有商品及要素的价格也处于均衡价格水平，其供求关系也处于均衡状态。瓦尔拉斯提出采用大型联立方程组来求解出复杂商品结构中各种商品的均衡价格的设想。这种试图通过构建宏观数量模型分析问题的设想，无形中就为产业关联理论的后续发展打下了坚实的理论基础和发展思路。

列昂惕夫对投入产出法的系统性研究开始于20世纪30年代。他在1936年正式发表的文章——《美国经济体系中投入产出的数量关系》中提出了投入产出理论和相应的模型以及资料来源和计算方法。投入产出法的特点和优点是能够解决实际问题。该方法能够对复杂经济体内部各部门之间的相互联系进行定量分析。投入产出法的应用范围可大可小，大到整个世界，小至一个企业部门均可。正是由于其灵活的应用范围，投入产出法开始在全世界得以推广。列昂惕夫在1941年出版了《美国的经济结构 1919 – 1929》，这部代表性著作的出版意味着产业关联理论的正式产生和基本完善，也意味着产业关联的研究已经成为一门独立的学科。此后，列昂惕夫针对静态投入产出法的缺陷采用不同方法予以改进，这使投入产出理论得到进一步的完善。

冯臻（2016）使用2010年我国投入产出表分析了我国文化创意产业关联情况。胡彬、陈超（2014）使用2005年上海投入产出表分析了上海文化创意产业的关联情况。李建军、任静一（2016）使用2012年上海投入产出表分析了上海文化创意产业的关联度，这为本章的研究提供了相应参考。类似的使用其他城市或省份投入产出表分析创意产业或其他产业关联的研究文献较多，但研究框架和计算的相关系数基本相同。这为本章所要分析的问题提供了研究基础。

三 上海创意产业联动效应分析

（一）产业关联指标介绍

在介绍本节分析所使用的指标前，首先介绍投入产出表的形式。表4-1给出了封闭经济情况下的投入产出表。根据表4-1可以计算产业关联相关指标，分析文化创意产业对其他产业的关联影响。本节我们选取刻画产业投入产出结构的中间投入率和中间需求率，以及刻画产业间波及效果的产业影响力系数和感应度系数。

表4-1 两部门投入产出表

产出 投入	中间使用 部门1…部门N	最终使用 积累消费合计	总计
部门1 … 部门N	$Y_{11}\ Y_{1N}$ … $Y_{N1}\ Y_{NN}$		Y_1 Y_N

续表

	产出 投入	中间使用	最终使用	总计
		部门1…部门N	积累消费合计	
	合计			
增加值	劳动报酬			
	生产税净额			
	营业盈余			
	增加值合计			
总投入				

1. 中间投入率和中间需求率

产业关联效应是指一个产业的生产、产值和技术等方面的变化引起它的前向关联关系和后向关联关系对其他产业部门产生直接和间接的影响，可以分为前向关联效应和后向关联效应。所谓前向关联效应是指通过供给联系与其他产业部门发生的联系。后向关联效应，就是通过需求联系与其他部门发生的关系。

（1）前向关联分析

使用投入产出表可以计算产业间的中间投入率和中间需求率。中间投入率是指产业的中间投入占总投入的比重，因此可以定义第 m 行业的中间投入率如下：

$$I_m = \frac{\sum_{1}^{N} Y_{nm}}{Y_m} \tag{4.1}$$

其中，I_m 表示 m 行业的中间投入率；Y_m 表示 m 行业的总产出；$\sum_{1}^{N} Y_{nm}$ 表示 m 行业部门对所有产业部门的中间产品投入量。

这个指标刻画了 m 行业对其他行业的影响，即本行业产出中有多少是作为中间产品投入到其他部门中。一般地，I_m 越大，则表明该产业对其他产业的拉动作用越强，即对其他产业的依赖程度越高。

公式（4.1）刻画的是 m 行业对其他行业的总体前向供给影响。

具体地，我们可以分析 m 行业对其他分行业的影响，即可计算直接分配系数，表示如下：

$$I_{mn} = \frac{Y_{mn}}{Y_m} \tag{4.2}$$

其中，Y_{mn} 表示 m 产业对 n 产业提供的中间投入；Y_m 表示 m 行业的总产出。

（2）后向关联分析

中间需求率的概念恰恰相反，即 m 行业生产过程中对其他行业的中间需求情况。可以定义第 m 行业的中间需求率如下：

$$J_m = \frac{\sum_1^N Y_{mn}}{Y_m} \tag{4.3}$$

其中，J_m 表示 m 行业的中间需求率；Y_m 表示 m 行业的总产出；$\sum_1^N Y_{mn}$ 表示 m 行业部门对所有产业部门的中间产品需求量。

一般地，J_m 的值越大，则表明该产业部门对其他产业部门的推动力或者制约力越强，即其他产业对该产业的依赖程度越高。类似于 (4.2)，我们可以计算 m 行业对其他分行业的依赖程度，即直接消耗系数，表示如下：

$$J_{mn} = \frac{Y_{mn}}{Y_n} \tag{4.4}$$

其中，Y_{mn} 表示 m 产业对 n 产业提供的中间投入；Y_n 表示 n 行业的总产出。

2. 产业影响力系数和感应度系数

某一个产业可以通过计算影响力系数和感应度系数来判断其在国民经济发展中是否处于主导地位。影响力是指某一产业部门增加一单位的最终需求而对各部门产出相应增加的单位数。影响力系数则是衡量某个产业最终产品的单位变化对国民经济中其他行业产品需求产生的波及程度的指标,反映了该产业最终产品的单位变化对国民经济产生的拉动作用或者牵引作用。具体的计算公式如下:

$$F_i = \frac{\frac{1}{n}\sum_{j}^{N}A_{ji}}{\frac{1}{n^2}\sum_{j}^{N}\sum_{i}^{N}A_{ji}} \qquad (4.5)$$

其中,F_i 表示第 i 部门对其他产业部门的影响力系数;A_{ji} 为列昂惕夫逆矩阵第 j 行 i 列的元素,A 表示直接消耗系数矩阵。

与此相对应地,感应度系数与影响力系数恰恰相反,刻画的是其他行业对该行业的后向波及情况。具体的计算公式如下:

$$E_i = \frac{\frac{1}{n}\sum_{j}^{N}A_{ij}}{\frac{1}{n^2}\sum_{j}^{N}\sum_{i}^{N}A_{ij}} \qquad (4.6)$$

根据冯臻(2016)的总结,通过对 E 和 F 的值与 1 比较可以判断需求和供给的推动力大小。比如当 F 大于 1 时表示需求拉动力大,F 小于 1 时表示需求拉动力小。类似地,可以分析 E 与 1 比较时的经济含义。或者表述为:如果一个产业的影响力系数大于 1,则表明该产业的影响力在全部产业中处于平均水平之上;等于 1 则表示处于平均水平;小于 1 则表示低于平均水平。

(二)上海创意产业的产业关联度分析

1. 中间投入的供给和需求情况分析

上海投入产出表最新为 2012 年版本,本节使用该投入产出表计算上海文化创意产业的如上几个指标,并纵向比较 2005 年版本投入产出表下的变化情况。由于在投入产出表中并未准确给出文化创意产业的统计情况,借鉴冯臻(2016)对中国文化创意产业的分类原则,我们选取第三产业中的文化及相关其他文化服务业（包括新闻服务、出版发行和版权服务、文化用品、设备及相关文化产品的生产与销售）、娱乐业（广播、电视、电影服务、文化艺术服务等）、计算机服务和软件业（包含信息文化、动漫、网络文化服务业等）、科学研究和技术服务业等行业作为文化创意产业统计指标。在2012年上海投入产出表中，表现为信息传输、软件和信息技术服务（序号32），科学研究和技术服务（序号36）及文化、体育和娱乐（41）三个行业部门。

表4-2汇报了2012年上海文化创意三个产业部门的中间投入率和中间需求率的情况。可以发现，与2005年相比，投入率和需求率都发生了重要变化。也就是说，近十年间上海经济产业结构发生了重要变化。具体地，信息传输、软件和信息技术服务部门的投入率由56.39%增加到59.94%，需求率由58.52%增加到60.67%。这说明，不论是对其他行业的拉动还是对其他行业的推动，该部门都发挥着越来越重要的作用。由于2012年的投入产出表中对部门划分做了调整，综合技术服务和科学研究做了合并，因此，表4-2只汇报了2012年科学研究和技术服务的投入率和需求率情况。可以发现，科学研究和技术服务的中间投入率远高于中间需求率，中间投入率高达67.18%。也就是说，科学研究和技术服务被广泛应用到其他行业的生产过程中，对其他产业的拉动作用强烈。而中间需求率相对较低，仅为12.29%。这表明科学研究和技术服务对其他行业的依赖性较强，反映了科学研究和技术服务在整个上海国民经济中的地位，即该产业是国民经济的重要推手。根据2012年投入产出表计算，上海文化、体育和娱乐业也呈现出与科学研究和技术服务相类似的特征，即较高的中间投入率和较低的中间需求率。但纵向比较，与2005年有较大差异。具体地，中间需求率由2005年的45.08%下降到2012年

的17.80%，中间投入率由2005年的55.62%下降至51.14%。这说明，文化、体育和娱乐在上海国民经济中的作用相对下降，这主要是随着科学技术进步，产业结构发生调整变化的结果。与此同时，中间需求率下降幅度较大。这充分说明上海其他行业对文化、体育和娱乐行业的依赖性降低，这一变化与中间投入率的下降是相一致的。

表4-2 文化创意产业三个产业部门的中间投入率和中间需求率情况

单位：%

产业和部门	2012年 投入率	2012年 需求率	2005年 投入率	2005年 需求率
信息传输、软件和信息技术服务	59.94	60.67	56.39	58.52
科学研究和技术服务	67.18	12.29	—	—
文化、体育和娱乐	51.14	17.80	55.62	45.08

数据来源：2012年数据为作者根据2012年上海投入产出表计算所得，2005年数据根据胡彬和陈超（2014）整理。

表4-2给出中间投入和中间需求的总体情况，接下来我们分析文化创意产业在整个产业链中的地位和作用，分别对文化创意产业主要依赖和服务的产业进行深入研究，即产业间的前向关联和后向关联。表4-3给出了与信息传输、软件和信息技术服务，科学研究和技术服务，文化、体育和娱乐三大类文化创意产业前向关联的前10位行业及其直接分配系数。可以发现，信息传输、软件和信息技术服务被主要投入到信息传输、软件和信息技术服务、金属制品、机械和设备修理服务，电气机械和器材，租赁和商务服务，房地产等行业；科学研究和技术服务被主要投入到仪器仪表，金属制品、机械和设备修理服务，居民服务、修理和其他服务，住宿和餐饮等行业；文化、体育和娱乐被主要投入到造纸印刷和文教体育用品、房地产、水的生产和供应、住宿和餐饮、租赁和商务服务等行业部门。根据胡彬和陈

超(2012)对 2005 年的研究结果，可以发现文化创意产业所依赖的产业发生了重大变化，表 4-4 对此做了简要对比分析。

表 4-3 文化创意产业对其他产业的依赖程度

名次	信息传输、软件和信息技术服务 产业类别	系数	科学研究和技术服务 产业类别	系数	文化、体育和娱乐 产业类别	系数
1	信息传输、软件和信息技术服务	0.1294	仪器仪表	0.1713	造纸印刷和文教体育用品	0.0209
2	金属制品、机械和设备修理服务	0.0943	金属制品	0.1368	房地产	0.0096
3	电气机械和器材	0.0841	金属制品、机械和设备修理服务	0.1107	水的生产和供应	0.0092
4	租赁和商务服务	0.0660	居民服务、修理和其他服务	0.0714	住宿和餐饮	0.0082
5	房地产	0.0459	住宿和餐饮	0.0436	租赁和商务服务	0.0051
6	通信设备、计算机和其他电子设备	0.0301	租赁和商务服务	0.0433	石油、炼焦产品和核燃料加工品	0.0047
7	造纸印刷和文教体育用品	0.0249	其他制造产品	0.0421	居民服务、修理和其他服务	0.0035
8	金融	0.0224	化学产品	0.0303	农林牧渔产品和服务	0.0027
9	居民服务、修理和其他服务	0.0170	纺织品	0.0235	文化、体育和娱乐	0.0026
10	电力、热力的生产和供应	0.0157	房地产	0.0219	电力、热力的生产和供应	0.0024

数据来源：根据 2012 年上海投入产出表计算所得。

表 4-4 文化创意产业主要依赖产业对比分析

	2012 年依赖行业	2005 年依赖行业
信息传输、软件和信息技术服务	信息传输、软件和信息技术服务，金属制品、机械和设备修理服务，电气机械和器材，租赁和商务服务，房地产	旅游业，信息传输、软件和信息技术服务，科学研究事业，文化、体育和娱乐业，综合技术服务业，租赁业和商业服务
文化、体育和娱乐	造纸印刷和文教体育用品，房地产，水的生产和供应，住宿和餐饮，租赁和商务服务	租赁和商业服务业，文化、体育和娱乐业，其他社会服务业，卫生、社会保障和社会福利业，服装、皮革、羽绒及其制造

数据来源：根据 2005 年和 2012 年上海投入产出表计算所得。

表4-5描述了上海文化创意产业主要服务的产业及其直接耗散系数。具体地，信息传输、软件和信息技术服务主要服务金融，居民服务、修理和其他服务，公共管理、社会保障和社会组织等行业；科学研究和技术服务主要服务建筑、住宿和餐饮、交通运输设备和其他制造产品等行业；文化、体育和娱乐主要服务居民服务、修理和其他服务，教育，公共管理、社会保障和社会组织等行业。

表4-5　文化创意产业主要服务的产业及其直接耗散系数

名次	信息传输、软件和信息技术服务 产业类别	系数	科学研究和技术服务 产业类别	系数	文化、体育和娱乐 产业类别	系数
1	信息传输、软件和信息技术服务	0.1294	科学研究和技术服务	0.0174	居民服务、修理和其他服务	0.0049
2	金融	0.0875	建筑	0.0116	教育	0.0038
3	居民服务、修理和其他服务	0.0571	住宿和餐饮	0.0097	公共管理、社会保障和社会组织	0.0032
4	公共管理、社会保障和社会组织	0.0482	交通运输设备	0.0072	农林牧渔产品和服务	0.0031
5	其他制造产品	0.0389	其他制造产品	0.0072	文化、体育和娱乐	0.0026
6	批发和零售	0.0337	仪器仪表	0.0061	金融	0.0023
7	纺织服装鞋帽皮革羽绒及其制品	0.0298	食品和烟草	0.0036	科学研究和技术服务	0.0012
8	仪器仪表	0.0231	专用设备	0.0036	金属制品、机械和设备修理服务	0.0009
9	教育	0.0226	电气机械和器材	0.0031	租赁和商务服务	0.0009
10	水的生产和供应	0.0218	农林牧渔产品和服务	0.0024	住宿和餐饮	0.0008

数据来源：根据2012年上海投入产出表计算所得。

与前向产业关联发生变化一样，后向产业关联也发生了重要变化。具体变化如表4-6所示。

表4-6　文化创意产业主要服务产业对比分析

	2012年服务行业	2005年服务行业
信息传输、软件和信息技术服务	信息传输、软件和信息技术服务,金融,居民服务、修理和其他服务,公共管理、社会保障和社会组织,其他制造产品	信息传输、软件和信息技术服务,租赁业和商业服务,通信设备、计算机及其他电子设备制造业,电气机械及器材制造业
文化、体育和娱乐	居民服务、修理和其他服务,教育,公共管理、社会保障和社会组织,农林牧渔产品和服务,文化、体育和娱乐	建筑业,租赁和商业服务业,信息传输、软件和信息技术服务,造纸印刷及文教用品制造业,综合技术服务业

数据来源：根据2012年上海投入产出表计算所得。

2. 产业波及度分析

根据公式（4.3）和（4.4），使用2012年42个部门投入产出表可以计算文化创意产业中各行业的影响力系数和感应度系数。具体计算值如表4-7所示。

根据表4-7可以分析上海文化创意产业中三类产业对国民经济产出的影响。2012年信息传输、软件和信息技术服务产业的影响系数是0.977，表明该产业对整个文化创意产业和上海国民经济的发展拉动作用还有提升空间。文化、体育和娱乐的影响力系数也小于1，其发挥的作用弱于信息传输、软件和信息技术服务产业。科学研究和技术服务的影响力系数大于1，为1.026，表明该产业对国民经济发展拉动作用较大。在感应度系数方面，上海文化创意产业的感应度系数皆小于1，也就是说该三类产业对上海国民经济的推动作用不明显。与2005年相比，信息传输、软件和信息技术服务的影响力系数有所下降，但排名上升了3位，说明该产业发挥的作用越来越强；而文化、体育和娱乐产业的影响力系数下降了0.14，排名也降低了4位，这说明文化、体育和娱乐对上海国民经济发展的作用在下降。在感应度系数方面，与2005年相比，信息传输、软件和信息技术服务的排名没有变化，但是系数值变小，由2005年的1.067下降到2012年的0.958。这说明，信息传输、软件和信息技术服务对上海国民经济的推动作用有所下滑。也就是说，上海文化创意经济对上海国民经济的制约作用相对不大，存在较大发展空间。文化、体育和娱乐产业也存在着类似的问题。

表4-7 2012年上海文化创意产业影响力系数和敏感度系数

产业名称	影响力系数 2012	影响力系数 2005	排名 2012	排名 2005	感应度系数 2012	感应度系数 2005	排名 2012	排名 2005
信息传输、软件和信息技术服务	0.977	0.987	23	26	0.958	1.067	13	13
科学研究和技术服务	1.026	—	19	—	0.380	—	34	—
文化、体育和娱乐	0.822	0.962	31	27	0.347	0.446	37	35

数据来源：根据2012年上海投入产出表计算所得。

李建军、任静一（2016）除包含"文化、体育和娱乐业""信息传输、软件的信息技术服务业""科学研究和技术服务"外，还包含了"教育业"作为文化创意产业代表性产业。他们分别计算了后向关联度、前向关联度、影响力、感应度等。后向关联度和前向关联度中又分为直接耗散系数和完全耗散系数、直接分配系数和完全分配系数，上文分析中，课题组只计算了直接耗散系数和直接分配系数，而李建军、任静一（2016）还计算了完全耗散系数和完全分配系数。他们的研究结果表明如下。（1）上海文化创意产业对第二产业和第三产业（除文化创意产业）的直接消耗系数和间接消耗系数均比较高。在2012年，上海文化创意产业对第二产业和第三产业（除文化创意产业）的直接消耗系数分别为0.2315和0.2629。（2）上海文化创意产业与其他各产业前向关联程度呈现下降趋势，特别是与第二产业的前向关联度下降趋势尤其明显。（3）上海文化创意产业与各产业的完全前向关联度更强。

表4-8给出了包含教育业的文化创意产业的影响力系数和感应度系数，可以发现2007~2012年上海文化创意产业的产业感应

表4-8 文化创意产业的产业关联度结果（包含教育业）

产业类型	产业名称	影响力 2007年	影响力 2012年	影响力系数 2007年	影响力系数 2012年	感应度 2007年	感应度 2012年	感应度系数 2007年	感应度系数 2012年
第一产业	第一产业	1.5803	2.9420	0.7942	0.8007	1.7726	1.6535	0.5647	0.4539
第二产业内部各子行业	开采业	2.4926	2.2848	0.5035	0.6273	6.5116	9.7730	2.0746	2.6830
	食品制造及烟草加工业	2.4154	2.5682	0.7695	0.7051	2.1571	2.1853	0.6873	0.5999
	纺织业	3.4921	3.8953	1.1126	1.0694	2.4620	2.6895	0.7844	0.7383
	纺织服装鞋帽皮革羽绒及其制品业	3.0837	3.4412	0.9825	0.9447	1.2395	1.6349	0.3949	0.4488
	木材加工及家具制造业	3.0698	3.7568	0.9780	1.0314	1.2456	1.5996	0.3969	0.4391
	造纸印刷及文教体育用品制造业	3.3615	3.9486	1.0710	1.0840	2.3809	2.1227	0.7586	0.5827
	石油加工、炼焦及核燃料加工业	2.6621	3.2085	0.8482	0.8808	3.7007	5.3144	1.1790	1.4590
	化学工业	3.3346	3.8355	1.0624	1.0530	9.1677	7.4242	2.9209	2.0382
	非金属矿物制品业	2.9254	3.3031	0.9320	0.9068	2.2913	2.1327	0.7300	0.5855
	金属冶炼及压延加工业	3.2804	4.0143	1.0452	1.1021	8.2532	9.1560	2.6294	2.5136
	金属制品业	3.3398	3.8363	1.0641	1.0532	2.5677	1.8437	0.8181	0.5061
	通用、专用设备制造业	3.4613	8.0354	1.1028	2.2060	2.5991	4.0551	0.8281	1.1132
	交通运输设备制造业	3.5450	4.1256	1.1294	1.1326	1.9022	2.8413	0.6060	0.7800
	电气机械器材制造业	3.4980	4.2276	1.11450	1.1606	2.1543	2.3183	0.6864	0.6364
	通信设备、计算机及其他电子设备制造业	4.4472	5.2259	1.4169	1.4347	4.1916	5.4226	1.3354	1.4887
	仪器仪表及文化办公用机械制造业	3.5257	3.4290	1.1233	0.9414	1.9217	1.3110	0.6123	0.3599
	工艺及其他制造业	3.0398	3.4400	0.9685	0.9444	1.0961	1.5274	0.3492	0.4193

续表

产业类型	产业名称	影响力 2007年	影响力 2012年	影响力系数 2007年	影响力系数 2012年	感应度 2007年	感应度 2012年	感应度系数 2007年	感应度系数 2012年
	废品废料	4.2343	4.2181	1.3491	1.1580	3.1504	6.0947	1.0037	1.6732
	电力、热力的生产和供应业	2.4717	3.3489	0.7875	0.9194	4.3543	5.4369	1.3873	1.4926
	燃气生产和供应业	2.9676	3.5542	0.9455	0.9757	1.5607	1.5088	0.4972	0.4142
	水的生产和供应业	2.8910	3.0434	0.9211	0.8355	1.1197	1.5599	0.3567	0.4282
	建筑业	3.5191	4.0380	1.12122	1.1086	2.0218	1.3709	0.6442	0.3763
第三产业内部各子行业	文化创意产业	2.3426	3.0275	0.7464	0.8311	6.4427	3.0541	2.0527	0.8384
	交通运输、仓储及邮政业	5.3745	4.0528	1.7123	1.1126	6.4626	7.1624	2.0590	1.9663
	批发和零售业	1.7706	2.6045	0.5641	0.7150	4.7090	4.0624	1.5003	1.1152
	住宿和餐饮业	2.9086	3.0046	0.9267	0.8248	1.4752	1.8285	0.4700	0.5020
	金融业	2.2394	2.1379	0.7135	0.5869	4.8984	5.1374	1.5606	1.4104
	房地产业	2.2252	1.9785	0.7090	0.5432	1.8956	2.5511	0.6039	0.7004
	租赁和商务服务业	3.0958	3.6303	0.9863	0.9966	5.2003	6.6449	1.6568	1.8242
	综合技术服务业	2.9846	3.5914	0.9509	0.9860	1.5703	7.6422	0.5003	2.0980
	水利、环境和公共设施管理业	2.6831	3.2521	0.8549	0.8928	1.0769	1.0087	0.3431	0.2769
	居民服务、修理和其他服务业	2.8499	3.0327	0.9080	0.8326	1.1266	1.6759	0.3589	0.4601
	卫生、社会保障和公共管理	5.6030	5.8140	1.7851	1.5961	2.03612	2.1036	0.6487	0.5775

资料来源：李建军、任静一著《文化创意产业的产业关联与波及效应研究——基于上海市投入产出表的实证分析》,《上海经济研究》2016年第11期。

度和感应度系数大幅下降,而上文分析中分类文化创意产业的感应度系数也呈现下降趋势,也就是说教育业的感应度系数发生了下降。在影响力系数方面,李建军、任静一(2016)的分析结果显示呈现上升趋势,但是上文中结果表明信息传输、软件和信息技术服务,文化、体育和娱乐的影响力系数呈现小幅度下降趋势。这说明科学研究和技术服务及教育业的影响力系数上升是文化创意产业影响力上升的主要原因。

四 产业联动效应的横向比较分析:北京和上海

表4-9汇报了2012年上海和北京文化创意产业中间投入率和中间需求率的对比情况。显然,北京和上海文化创意产业中间投入率和中间需求率截然不同。首先,来看中间投入率,上海信息传输、软件和信息服务,科学研究和技术服务的中间投入率要高于北京,即这两个产业部门对上海经济的拉动效应要大于北京。而上海文化、体育和娱乐业的中间投入率要低于北京,即上海该部门的经济拉动效应要小于北京,这在产业联动方面说明了北京文化、体育和娱乐业的发达。其次,来看中间需求率,北京信息传输、软件和信息技术服务的中间需求率为25.16%,远低于上海的60.67%。这充分说明,北京其他经济产业部门对信息传输、软件和信息技术服务部门的依赖性要小。而北京科学研究和技术服务,文化、体育和娱乐两个部门的中间需求率要高于上海,其中文化、体育和娱乐部门前者为后者的两倍还多。北京和上海中间需求率和中间投入率的差异性,恰恰反映了这两个城市不同的产业结构,北京的文化创意产业的发展可以给上海提供多方面、深层次的借鉴。

表4-9　2012年上海和北京文化创意产业中间投入和中间需求率情况对比

单位：%

产业和部门	上海 投入率	上海 需求率	北京 投入率	北京 需求率
信息传输、软件和信息技术服务	59.94	60.67	48.98	25.16
科学研究和技术服务	67.18	12.29	64.77	21.53
文化、体育和娱乐	51.14	17.8	63.02	35.69

资料来源：根据2012年北京、上海投入产出表计算。

表4-10汇报了北京和上海文化创意产业对其他产业依赖程度的对比情况。首先来分析信息传输、软件和信息技术服务部门，可以发现该部门对上海和北京所依赖的前10位行业中有6个行业相同。在北京中所依赖的第7~10位行业分别是公共管理、社会保障和社会组织，住宿和餐饮，批发和零售，科学研究和技术服务。此外，必须看到前6位所依赖的行业中，相同排位的行业中，北京多数行业直接分配系数大于上海的系数。

表4-10　北京和上海文化创意产业对其他产业的依赖程度对比

单位：%

信息传输、软件和信息技术服务 产业类别	北京	上海	科学研究和技术服务 产业类别	北京	上海	文化、体育和娱乐 产业类别	北京	上海
信息传输、软件和信息技术服务	0.1170（4）	0.1294	仪器仪表	—	0.1713	造纸印刷和文教体育用品		0.0209
金属制品、机械和设备修理服务	0.2649（1）	0.0943	金属制品	0.3983（2）	0.1368	房地产		0.0096
电气机械和器材	0.0438（6）	0.0841	金属制品、机械和设备修理服务	0.3960（3）	0.1107	水的生产和供应		0.0092

续表

信息传输、软件和信息技术服务			科学研究和技术服务			文化、体育和娱乐		
产业类别	北京	上海	产业类别	北京	上海	产业类别	北京	上海
租赁和商务服务	0.0554 (5)	0.0660	居民服务、修理和其他服务	0.1457 (5)	0.0714	住宿和餐饮		0.0082
房地产	0.0125 (11)	0.0459	住宿和餐饮	0.1015 (9)	0.0436	租赁和商务服务		0.0051
通信设备、计算机和其他电子设备	0.2426 (2)	0.0301	租赁和商务服务	0.0315 (21)	0.0433	石油、炼焦产品和核燃料加工品		0.0047
造纸印刷和文教体育用品	0.1209 (3)	0.0249	其他制造产品	0.1087 (8)	0.0421	居民服务、修理和其他服务		0.0035
金融	0.0087 (16)	0.0224	化学产品	0.0687 (11)	0.0303	农林牧渔产品和服务		0.0027
居民服务、修理和其他服务	0.0090 (13)	0.0170	纺织品	0.0404 (16)	0.0235	文化、体育和娱乐		0.0026
电力、热力的生产和供应	0.0088 (15)	0.0157	房地产	0.0276 (22)	0.0219	电力、热力的生产和供应		0.0024

资料来源：根据2012年北京、上海投入产出表计算。

表4-11汇报了北京和上海文化创意产业对各自主要服务产业部门的对比情况。首先，我们来分析信息传输、软件和信息技术服务的对比情况。显然，该产业部门对上海和北京所服务的主要产业部门不同。北京所服务的前10位部门分别是信息传输、软件和信息技术服务，金融，公共管理、社会保障和社会组织，卫生和社会工作，仪器仪表，文化、体育和娱乐，教育，租赁和商务服务，纺织服装鞋帽皮革羽绒及其制品，科学研究和技术服务等。居民服务、修理和其他服务产业部门在上海信息传输、软件和信息服务部门所服务产业中占第3位，而在北京仅排在第17位，其他制造产品在上海排在第5位，

而北京排在第 32 位。北京卫生和社会工作处于被服务的第 4 位，而上海未进前 10 名。文化、体育和娱乐在北京排第 6 位，而上海也未进前 10 名，这一点充分说明上海的文化创意产业之间的关联度要低于北京。其次，我们考察科学研究和技术服务的情况。上海科学研究和技术服务部门所服务的主要产业中，建筑、住宿和餐饮、食品和烟草并不是北京科学研究和技术服务部门所服务的主要部门，北京所服务的主要部门除表 4－11 中所列举外，还包括排在第 3 位的教育，第 4 位的专用设备，第 5 位的信息传输、软件和信息技术服务。最后，我们比较分析文化、体育和娱乐产业在北京和上海两地所主要服务产业的差异。可以发现，文化、体育和娱乐产业对上海和北京所主要服务产业差异较大，北京前 10 位的分别为文化、体育和娱乐，公共管理、社会保障和社会组织，教育，金融，租赁和商务服务，房地产，科学研究和技术服务，居民服务、修理和其他服务，住宿和餐饮，信息传输、软件和信息技术服务等。在上海排第 4 位的农林牧渔产品和服务部门在北京排在第 25 位，金属制品、机械和设备修理服务部门在北京排在第 27 位。综合分析创意产业这三个部门所服务的主要产业，北京的创意产业之间的互动性要高于上海，产业结构更为合理。

表 4－11 文化创意产业主要服务的产业对比

单位：%

信息传输、软件和信息技术服务			科学研究和技术服务			文化、体育和娱乐		
产业类别	上海	北京	产业类别	上海	北京	产业类别	上海	北京
信息传输、软件和信息技术服务	0.1294	0.1170（1）	科学研究和技术服务	0.0174	0.0912（1）	居民服务、修理和其他服务	0.0049	0.0038（8）
金融	0.0875	0.0457（2）	建筑	0.0116	0.0107（12）	教育	0.0038	0.0175（3）

续表

信息传输、软件和信息技术服务			科学研究和技术服务			文化、体育和娱乐		
产业类别	上海	北京	产业类别	上海	北京	产业类别	上海	北京
居民服务、修理和其他服务	0.0571	0.0043（17）	住宿和餐饮	0.0097	0.0035（30）	公共管理、社会保障和社会组织	0.0032	0.0543（2）
公共管理、社会保障和社会组织	0.0482	0.0259（3）	交通运输设备	0.0072	0.0114（10）	农林牧渔产品和服务	0.0031	0.0005（25）
其他制造产品	0.0389	0.0016（32）	其他制造产品	0.0072	0.0053（20）	文化、体育和娱乐	0.0026	0.1284（1）
批发和零售	0.0337	0.0066（11）	仪器仪表	0.0061	0.0138（8）	金融	0.0023	0.0107（4）
纺织服装鞋帽皮革羽绒及其制品	0.0298	0.079（9）	食品和烟草	0.0036	0.0059（20）	科学研究和技术服务	0.0012	0.0070（7）
仪器仪表	0.0231	0.0104（5）	专用设备	0.0036	0.0239（4）	金属制品、机械和设备修理服务	0.0009	0.0005（27）
教育	0.0226	0.0083（7）	电气机械和器材	0.0031	0.0070（17）	租赁和商务服务	0.0009	0.0107（5）
水的生产和供应	0.0218	0.0050（14）	农林牧渔产品和服务	0.0024	0.0337（2）	住宿和餐饮	0.0008	0.0031（9）

资料来源：根据2012年北京、上海投入产出表计算。

五 企业发展分析：以规模以上文化服务企业为例

文化企业是文化创意产业联动的微观基础，特别是规模以上文化企业对文化创意产业联动进而推动整个产业结构升级和经济增长重要作用。因此，本节将着重分析上海市规模以上文化企业发展的情况。规模以上文化企业，是指纳入国家统计局联网直报平台统计范围内的文化企业法人单位，由三类企业组成：年主营业务收入2000万元以上的文化企业法人单位、年主营业务收入2000万元及以上的文化批发法人单位或年主营业务收入500万元及以上的文化零售法人单位、从业人员在50人以上或主营业务收入500万元以上的文化服务业法人单位。

表4-12描述了我国2014年规模以上文化服务企业的情况，以企业单位数量来看，我国文化服务企业前10位分别是广告服务、建筑设计服务、文化软件服务、景区游览服务、电影和影视录音服务、出版服务、娱乐休闲服务、专业设计服务、会展服务、互联网信息服务。解决就业人口最多的前10位行业是建筑设计服务、文化软件服务、景区游览服务、出版服务、广告服务、互联网信息服务、广播电视传输服务、娱乐休闲服务、专业设计服务、电影和影视录音服务。显而易见，文化服务行业规模企业数量和解决就业人数基本一致。也就是说，我国文化服务行业主要侧重于这10余个行业的发展。

表4-12 我国2014年规模以上文化服务企业概况

单位：个，人，万元

类别	企业单位数	年末从业人员	资产总计	营业收入	营业税金及附加	利润总额
新闻服务	18	10364	732096.7	93426.1	2611.1	-6497.6
出版服务	1199	213449	34978337	11525151	138436.7	1608332
广播电视服务	194	47219	9729557	3989345	56647.6	818322.2
电影和影视录音服务	1308	83124	17558594	7139058	86173.2	1147860
文艺创作与表演服务	481	46861	3578419	1060618	29457.6	234474.1
图书馆与档案馆服务	1	84	1909.4	1542.1		-85.3
文化遗产保护服务	68	6549	1613620	176882.6	6790.8	21838

续表

类别	企业单位数	年末从业人员	资产总计	营业收入	营业税金及附加	利润总额
群众文化服务	50	3235	587988.9	213914.7	5787.8	24523.4
文化研究和社团服务	2	67	2502.2	2033.1	94.9	258.7
文化艺术培训服务	63	9131	216539.3	228556.4	4637.5	20155.5
其他文化艺术业服务	164	9604	2002573	857231.8	65803.5	120394
互联网信息服务	762	199747	43150159	25875864	340822.2	8252246
增值电信服务（文化部分）	126	37217	3177196	2068166	30553.1	352074.1
广播电视传输服务	508	172653	25101994	7786839	72720.1	1045119
广告服务	3729	206649	27865136	33556676	351661	1971017
文化软件服务	1672	347652	28935572	19529684	159331.3	3128528
建筑设计服务	2638	432403	31607572	23704389	326532.2	2329004
专业设计服务	890	112989	13229343	14068401	92122.4	674856.2
景区游览服务	1617	219884	46464281	5994638	231266.1	1041381
娱乐休闲服务	1184	115466	12854012	2542633	131432.8	185422.1
摄影扩印服务	163	16646	309702.6	305507.5	13855.6	17688.1
版权服务	91	10148	786279.3	653621.3	1315.4	132026.5
文化经纪代理服务	81	3381	585890.6	277581.9	6036.2	53975.9
文化出租服务	22	1214	101095.5	74722.2	1945.5	3909.7
会展服务	807	55373	12091787	4508864	68092.3	735115.6
其他文化辅助服务	393	38555	6855281	2058384	31982.5	191994.9

资料来源：《中国文化及相关产业统计年鉴（2015）》。

根据资产规模排序，表4-13汇报2014年了我国各地区规模以上文化服务企业的情况。根据排序来看，北京、上海、广东、江苏、浙江、天津、山东分别位列前7位，基本与各地服务业发展排序吻合，这从一个侧面说明文化企业的发展是以第三产业发展为前提的。但也必须看到上海和北京的差距，企业单位个数北京几乎是上海的3倍，解决就业是上海的1.7倍。

表 4-13 2014 年全国各地区规模以上文化服务企业

单位：个，人，万元

地区	企业单位数（个）	年末从业人员（人）	资产总计	营业收入	营业税金及附加
北京	3121	380179	59957674	44380353	434631.2
上海	1259	226395	42431386.6	25774179	246905.8
广东	2237	326935	41672194.7	22449025	320054.3
江苏	2733	314661	37542754.9	15864419	258821.5
浙江	1194	142532	30340999.6	15797163	163225.1
天津	495	69478	11645262.1	6391144	87483.2
山东	1001	94568	11352081.6	3670512	96960.3
湖北	598	89984	10865647.8	4485161	129558.4
湖南	565	64025	9746807.2	3450879	48754.4
河南	683	97447	7777936.9	2661669	64367

资料来源：中国文化及文化产业统计年鉴（2015）。

专栏 4-1 上海规模以上文化服务代表性企业：新华传媒

上海新华传媒股份有限公司是中国出版发行行业第一家上市公司，目前为一家综合性传媒类上市公司。其承继了新华书店 70 年的光荣传统，是中国文化战线上的一支重要力量。

公司前身为上海时装股份有限公司、华联超市股份有限公司。1993 年 10 月，上海时装股份有限公司向社会公众公开发行股票，公司股票于 1994 年 2 月在上海证券交易所上市交易，股票简称"时装股份"；后通过一系列股权转让等资本运作，2006 年上海新华发行集团有限公司成为公司第一大股东，经过资产置换，公司主营业务由原来的经营连锁超市业务转变为经营文化传媒业务，公司名称变更为"上海新华传媒股份有限公司"（简称"新华传媒"）。新华传媒后续资本运作逐步引入解放日报报业集团、上海中润广告有限公司的传媒类经营资产，公司在以图书发行业务为主业的基础上，增加报刊经营、报刊发行、报刊广告代理等业务，打造完整的平面媒体经营产业链。

上海新华传媒股份有限公司已形成图书发行、报刊经营、广告代理与物流配送四大业务板块。其中公司下属的新华书店连锁是上海地区唯一使用"新华书店"集体商标的企业，在全市拥有大型书城、中小型新华书店门市等大中小不同类型的直营网点近200家，拥有中小学教材的发行权，图书零售总量占上海零售总量的65%以上。公司拥有《申江服务导报》、《房地产时报》、《人才市场报》、《I时代报》、《上海学生英文报》以及《晨刊》等多家知名报刊的独家经营权；公司下属的上海中润解放传媒有限公司是《解放日报》《新闻晨报》《申江服务导报》等报刊的广告总代理商，公司与文汇新民联合报业集团合资的上海新民传媒有限公司是《新民晚报》《文汇报》等报刊的广告总代理商，公司通过上述两大平台实现了对上海平面广告市场的整合。此外，公司所属风火龙物流公司还建立起"投递、信息、销售"三位一体的现代平面媒体直销网络，开创了"发行＋物流"的全新配送模式。

公司将通过对核心业务与相关经营资源的整合，打造平面媒体制作、发行、广告和延伸业务开发等完整的产业链，形成面向全国，为书报刊出版单位提供整体经营运作代理的第三方服务商业模式，成为具有市场竞争力和文化影响力的综合性传媒经营企业。

资料来源：根据公开资料整理。

六 本章小结

本章主要是通过2012年上海投入产出表分析上海文化产业关联

情况，并与 2005 年文化产业关联情况进行比较分析。与 2005 年相比，本文所选取的信息传输、软件和信息技术服务，科学研究和技术服务，文化、体育和娱乐等产业的投入率和需求率都发生了重要变化，所依赖的产业和所服务的产业也发生了重大变化。本章还与北京产业管理情况进行了横向比较，北京其他经济产业部门对信息传输、软件和信息技术服务部门的依赖性要小；北京科学研究和技术服务，文化、体育和娱乐两个部门的中间需求率要高于上海，其中文化、体育和娱乐部门前者为后者的两倍还多。北京和上海中间需求率和中间投入率的差异性，恰恰反映了这两个城市不同的产业结构，北京的文化创意产业的发展可以给上海提供多方面、深层次的借鉴。

参考文献

梁君：《区域文化产业升级机制与路径》，广西师范大学出版社，2016。

冯臻：《文化创意产业发展的实证研究——基于产业经济性视角》，上海人民出版社，2016。

冯根尧：《中国文化创意产业园区：集聚效应与发展战略》，经济科学出版社，2016。

多米尼克·鲍尔、艾伦·斯科特编《文化产业与文化生产》，夏申、赵咏译，上海财经大学出版社，2016。

韩顺法、杨建龙：《文化的经济力量》，中国发展出版社，2014。

魏鹏举：《文化产业与经济增长——文化创意的内生价值研究》，经济管理出版社，2016。

上海社会科学院文化创意产业研究基地：《上海文化创意产业发展报告（2015~2016）》，社会科学文献出版社。

李建军、任静一：《文化创意产业的产业关联与波及效应研究——基于上海市投入产出表的实证分析》，《上海经济研究》2016 年第 11 期。

第五章 推动上海创意人才高地和创意城市建设

一 引言

人才是强国之本。当前我国人才发展的总体水平同世界先进国家相比仍存在较大差距，与我国经济社会发展需要相比还有许多不适应的地方。2010年，中共中央和国务院颁布的《国家中长期人才发展规划纲要（2010－2020）》（以下简称《人才规划纲要》）把我国人才发展提升至强国战略。2016年，中共中央又印发《关于深化人才发展体制机制改革的意见》作为我国当前和今后一个时期全国人才工作的重要指导性文件。作为国民经济重要组成部分的创意经济对经济增长的贡献越来越大，创意人才发展的体制机制改革已成为人才强国战略的重要部分。

20世纪90年代，上海市首先提出人才高地理论。根据人才高地理论的内容可以把创意人才世界高地总结为创意人才发展的极核区和高势能区，主要体现在如下五个方面：创意人才资源数量分布的高密度、创意人才资源素质的高标准、创意人才资源结构的高对应、创意人才资源流动的高活力、创意人才资源产出的高效益。整个"十一五"和"十二五"期间，上海市文化创意产业持续高速增长。2015年，上海市创意产业实现增加值约 3020 亿元，约占上海市 GDP 的12.1%。打造上海市创意人才世界高地，深化创意人才发展体制机制改革，积极推动创意人才工作，是继续保持上海市文化创意产业高速和高质增长的重要保障，也是实现"四个中心"建设和经济增长再跨越的重要推动力。

文化创意产业把重心放在了"文化""创意"对产业和经济的积极作用上。"创意"是创意产业的核心和灵魂，无疑居于产业链的上游、高端，具有牵一发而动全身的作用。作为文化的容器，城市发挥了重要的集聚功能，将文化的多样性在空间上加以容纳；与此同时，城市也使多样的文化得到快速的交流、碰撞和融合。创意城市，就是要使城市自身变得更加富有创造性、富有活力、富于文化再生的能力。创意城市能够将创新想法付诸实践，并能够使创新成功的经验不断得到宣传、传播，维持城市不断地再创新，从而使创新意识成为市民创新思维的一部分。而创意人才是创新实践的前提和基础，创意城市是创意人才高地建设的结果，两者之间相互作用，互为推动力。

本章将深入剖析上海文化创意人才和创意城市建设的现状、挑战和困难，并基于相关研究提出打造上海世界人才高地和建设世界一流创意城市的战略思路与实施路径，从而为上海经济增长注入新的动力。

本章余下内容安排如下：第二部分介绍创意人才、创意城市与创意经济发展的理论和实践研究进展；第三部分分析上海打造世界创意人才高地的基础和优势条件；第四部分介绍上海创意城市建设的现状及世界创意城市建设经验；第五部分总结本章内容。

二 创意人才、创意城市与创意经济发展

（一）创意人才与创意经济

1. 创意人才的基本特征

作为一种全新的产业形态，创意产业已不再是以传统的物质资源、资本为主要构成要素，个人的智慧及创造能力成为其发展的精髓。创意人才是其最重要的资源，这决定了创意产业必须高度推崇个体的创造性和能动性。2002年，美国经济学家佛罗里达出版《创意阶层的崛起》一书，指出随着创意经济的异军突起，创意阶层作为一个新的职业阶层在崛起，创意阶层与农业阶层、工业阶层、服务业阶层一起成为美国的四大职业群体。他认为：在创意时代，创意阶层正在崛起，他们从事着旨在"创造有意义的新形式"的工作，并将成为推动经济增长的主导力量。佛罗里达将这些成员分为两层三类。其中，第一层为核心群体层，包括超级创意核心和思想先锋两类，主要是原创性人才；第二层是创意专业人才，主要是知识密集型行业内的从业人员。

在文献中，创意人才具有以下基本特征。第一，富于创新精神。创意产业贵在"创意"，强大的创新能力是创意产业高端人才最重要的能力，优秀的原创者能够依靠源源不断的创意来产生文化创意产品；善于将文化创意产品推向市场，实现经济价值的经营管理者能够根据产业和市场的发展，通过革新管理方法和经营推广策略来迎接激烈的市场竞争，迎合多变的消费需求。第二，强烈的自我实现愿望和拥有自由的渴望。创意人员具有强烈的自

我增值的愿望，他们勇于、乐于探索新颖的事物，他们喜欢从事不同的创新活动，迎接充满挑战性的工作来达到自我期望的实现。同时，创意人才更强调工作中的自我引导和自我管理，他们不愿意受制于人，不愿接受上司过多的干涉，不愿意俯首听命、任人驾驭，而是倾向于拥有一个能自我引导的、自我监控的工作环境，并且会对各种可能性做最大的尝试。因此，在工作中他们需要更大的自主性。第三，较强的团队意识。创意人才的工作成果常常以某种思想、创意、技术发明、管理创新的形式出现，而许多知识创新和科研成果的形成需要团队的协同合作，因此创意人才渴望良好的团队氛围，优秀的创意作品是整个团队的结晶，良好的团队氛围可以激发创意人才的全面思维，可以促进创意人才的快速成长。第四，拥有良好的文化和艺术素养。与一些传统产业不同，多数文化创意产品（比如小说、游戏、动漫等）的设计开发都需要融入大量文化内涵，并在艺术品位上有较高要求。创意人才需要具备深厚的文化功底，对我国的文化传统有深厚的认识，甚至对多国文化有着广泛的了解，并拥有良好的艺术素养，能够满足市场的艺术诉求。

在我国，创意产业起步较晚，要想在全球市场竞争中取得一席之地，离不开大批具有国际视野和创新能力的高素质创意人才。在美国，创意产业从业人员占总就业人口比例为30%，日本和英国分别为15%、14%，韩国也达到了4.89%，而在我国，这个比例竟不足千分之一。作为创意产业发展的主体，创意人才独有的特质要求组织必须采用规范合理、有针对性的方法来进行管理和激励。然而，目前我国的多数创意企业仍停留在传统的人力资源管理办法阶段，没有充分认识到创意人才的价值及特殊性，没有给予他们与个人工作相适应的报酬，对创意人才培养与发展的重视程度不够，严重阻碍了其创意才能的发挥,并加剧了创意人才的流失。根据相关文献,创意人才的定义可以概括如下(见表5-1)。

表 5-1 创意人才的定义

概念	定义	评价
创意人才	具有较高的知识水平和创新能力,能够通过自己的创作技能,将特有的表达内容和信息转化为产品和服务的群体	充分考虑了人才的素质构成要素和工作内容的特性
创新人才	具有创新意识、创新精神和创新能力的人	国内尚无明确定义,主要从个体的心理特征和行为表现来定义
知识型人才	组织中脑力劳动贡献大于体力劳动贡献的劳动者	既有体力劳动者也有脑力劳动者,只是脑力劳动者占较高比重

资料来源:林剑、李钟斌(2012)。

2. 吸引文化产业人才的环境要素分析

(1) 创意阶层的区位选择因素

在佛罗里达看来,创意阶层集聚而形成的"创意中心"将拥有更高的创新比例、更多的初创高科技企业、更强的岗位创造能力和更为持久的经济增长,这些地区的繁荣并非依托于自然资源、交通基础设施及税收优惠这些传统的"商业氛围",而是依赖于吸引创意阶层的"人文环境",因为企业特别是创新型和初创型企业会跟随创意阶层迁徙。

创意阶层具有相似的想法、诉求、偏好、消费习惯和社会身份,其工作流动性很强,在区位选择的动因方面,佛罗里达通过对美国的实证研究发现,除了物质因素的吸引力之外,创意阶层对职业和居住空间的选择更注重城市的某些特质,如宽松、多样的都市环境以及坚实的技术基础等,并将其归结为人才、技术、宽容(talent, technology, tolerance,即3T)三要素:第一,必须拥有强大的技术基础,如众多的科研机构及对技术的大规模投资;第二,必须具备能够吸引、留住人才的魅力，如对创意阶层对生活方式选择权的尊重；第三，需要具有对多样性的宽容，这样才能吸引各种各样的人——移民、艺术家、同性恋和异性恋……简单来说，一个城市必须发展出有利于经济繁荣的人文气氛。这3个要素之间相互联系，每个要素都会对区域增长产生有限的正向影响；为了吸引创意阶层、激发创新和实现经济增长，必须同时具备这3个条件。也就是说，人文环境吸引创意阶层，创意阶层引致创新性企业迁移和资本流入，创意阶层的服务需求创造中低收入服务岗位、带动区域经济增长，这构成了创意阶层理论的基本逻辑。

在人才、技术、宽容三要素中，对技术和人力资本的投入一直是政府关注的重点，包容性则是最易忽略的因素，但它对吸引创意阶层尤为重要。佛罗里达认为城市的包容性不仅体现为音乐家、艺术家与工程师混居所代表的职业构成多元，更体现为国别多元、种族多元、性取向多元，在创意指数指标体系中，将以上要素分别表征为波西米亚指数、人口混杂指数、种族融合指数和同性恋指数。也就是说，创意阶层更倾向于居住在联系松散、进入障碍较少的社区，而非遵从传统价值观和道德规范的紧密联系社区，他们看重城市公共文化设施和小规模的文化服务，比如可步行街道、电影院、酒吧、博物馆、画廊、历史建筑，以及有特色的餐厅及个性时尚商店等。

Asheim 和 Hansen 等人进一步提出，在运用"3T"理论的过程中，没有考虑到具体的城市或地区环境。通过对瑞士五个排名较前的城市地区的创意阶层数据进行语境化分析，笔者发现创意阶层并非都有共同的地点偏好。他将创意阶层按知识储备分为三种类型：综合型、分析型与象征型。不同类型的创意群体会根据人文环境和商业环境进行工作地选择。Clifton 敏锐地意识到这一点，在《英国的创意阶

表 5–2 创意指数指标体系构成

一级指标	二级指标	指标
人才指数	—	创意阶层占全体劳动力的比例
创新指数	—	人均专利数量
高科技指数	—	城市高科技产出量占全国产出量的比例
区位商指数	—	城市高科技产出占城市全部经济产出比重与城市科技产出占全国经济总产出比重的比值
宽容度指数	同性恋指数	一地同性恋比例除以该地人口占全国人口的比例
	人口混杂指数	一地外国人口所占比例
	波西米亚指数	艺术家、音乐家和艺人占全部人口的比例
	种族融合指数	一地种族比例与该地种族结构的相近程度

资料来源：佛罗里达（2002）。

层》一文中，他将英国与北美地区创意人才资本与高科技产业之间的关系进行细致的研究，其最大的创新在于提取出了更多影响指标。这些指标除了有佛罗里达指出的同性恋指数、波西米亚指数、人口混杂指数以外，还包括文化机会指数（享受文化与娱乐活动的机会）、人才指数（18岁以上学士学位占总人数的比例）、高科技指数等（用以反映区域技术密集生产活动的专业化程度与服务部门就业的规模）、社会凝聚力指数（关于失业的定义用以测量地区文化产业的排外程度）、公共供应指数（区域内从事教育与健康等公共服务行业的比例）、地理层级（对不同空间不同类别的地理层级采取不同的分析指数）。

显然，创意阶层对某个区位空间品质的判断不仅仅与佛罗里达提出的"科技、人才与宽容"（3T）等因素联系，还是更多元化的因素综合决定的结果。因此，区域发展政策应该反映出创意产业的特定要求，发掘不同创意阶层的偏好，由此对商业环境或人文环境的改善进行合理评估。

(2) 创意阶层发展软环境的影响因素

创意阶层喜欢选择具有包容性、多样性、开放性、自我存在感的城市，而城市要吸引这些人才则必须打造上述人文环境。创意阶层所具有的这种独特的区位选择理念，来源于他们的价值观——个性化、精英化、多样性、包容性，这一阶层并不是由于传统原因才进入他们所定居的城市的，他们所追寻的是拥有丰富多彩、高品质的令人愉悦的事物和体验，兼容并包的宽容态度和能够证明他们是创意人士的机会的城市。相关研究表明，创意阶层的规模与城市的宽容度以及移民的相对集中存在显著的正相关关系，包容开放的环境更加有利于城市吸引知识型从业者，多样性、人才和技术活动引致的创造力提升驱动了大城市和区域的发展，地区容忍度、开放度和工作机会对于创意阶层规模具有显著的正向影响。

城市等级体系对创意阶层的分布有着显著的正向影响，创意阶层特别是艺术类职业更倾向于在规模较大、人口稠密、购买力较强的城市区域集聚，比如佛罗里达通过计算创意指数认定会取得成功的澳大利亚的一些区域，大部分位于州首府中心地区，部分原因是这些地方有对创意产品和服务直接消费的基础。

创意阶层的存在并不必然保证城市经济的长久繁荣，需要鼓励、动员和引导生产性的学习和创新活动。城市发展的原动力在于人力资本的不断积累与更新，现代社会中，受过良好高等教育的劳动者更加倾向于选择进入便利性高的城市（富于生活多样性、市民态度宽容、有多种生活方式可供选择的城市）。人与自身关系最为密切的亲人、同学、朋友、同事等构成了一种十分稳定的，却使信息传播范围有限的社会关系，是一种强连接关系。同时，还存在另外一种相对强连接而言更为泛泛的、较为肤浅的社会关系，称为弱连接关系。强连接关系所产生的信息大多是重复的，容易造成一个封闭的社交系统，并不是一个可以提供创新机会的通道；而弱连接关系则是人们与外界沟通的真正桥梁，不同的人通过弱连接可以得到不同的信息，只有这些微弱关系的存在，信息才能在不同的圈子中流传，创新才有诞生的机会，寻找工作的路径才能得以拓宽。

城市人文环境的不同将导致人才对城市认同感的不同，而在后工业时代，这种自发的认同某特定地理区域的感觉发挥了越来越重要的作用。例如，Scott将洛杉矶的风格描述为与美国大多数城市所不具有的轻松的、非正式的、丰富多彩的、试验性的、偶尔幻想的、休闲导向的、民主的、易接近大众情感的，美国的电影剧作家就认为他们应该以洛杉矶为基地。

3. 创意人才与城市竞争力

城市人才竞争力是指城市在人才资源的数量规模、素质能力、结构层次、产出效率和成长环境等各类因素综合作用下，相对于其他城市在吸引人才、培养人才等方面的比较竞争优势能力。其竞争主体是城市，竞争对象是人才资源，竞争的结果是获得收益，竞争目的是获得竞争优势。因此，城市人才竞争力主要包含两个方面：一是城市所拥有的人才实力，包括人才规模、素质结构、产出效益等；二是城市获得、保持、开发人才的能力，主要体现在城市环境对人才的吸引力。

根据城市人才竞争力的概念，本文将城市创意人才竞争力界定为：城市在创意人才数量、质量、结构、创意成果和成长环境方面的有机综合与高度凝集，既包括城市所拥有的创意人才实力，如创意人才存量、潜力和投入，也包括城市获得、保持和开发创意人才的能力，如城市创意环境为创意人才的吸引力。城市创意人才竞争力是城市创意人才建设的核心问题，是推动城市功能转型的根本因素。

创意人才竞争力的理论研究主要有：钻石模型理论、熊彼特创新理论、人力资本理论、人才流动理论等。钻石模型理论是指一个国家或地区的竞争优势集中体现在其产业创新与升级的能力，该理论把人力资源作为产业发展的高级要素，从这一角度阐述了人才对产业发展，乃至地区竞争力提升的重要作用。熊彼特创新理论主要强调了技术创新对促进经济发展具有重大作用。人力资本理论强调了人力资本对经济增长的重要推进作用，并突出了人力资本投资，尤其是教育与培训投资是促进人力资本积累的重要方式。人才流动理论主要是从人才吸引力的角度为创意人才竞争力研究提供理论支撑，其主要探讨了人才流动的重要影响要素，尤其突出了人才环境对人才分布的影响。

创意阶层是推动创意产业发展的根本动力和核心要素，是创意资本的创造者，在市场需求多元化的今天，成为发展创意资本、催化城市经济增长的"创意之本"。由此，一个城市的竞争力主要体现在对创意人才资源的竞争上，集中表现为吸引创意人才的创意环境以及创意人才资源占有上的优势。创意阶层与当代城市经济发展的关系，主要体现在以下三个方面：一是，创意阶层是产业发展潜在的经济资源，是城市竞争优势的来源；二是，城市需要提供吸引创意阶层的便利生活设施和鼓励创意阶层发展的创意社会结构；三是，创意经济的发展需要遵循技术、包容和人才的三个原则，每项要素对于吸引创意人才、激励创新和促进竞争增长都是必要的。

（二）创意城市与创意经济

1. 创意城市的基本概念

何以成为创意城市？创意城市是社会经济发展的必然产物，创意城市是基于文化与技术的创新，进而延伸至城市生产与生活的各个领域，是以创意为主要驱动力的一种城市发展模式。创意城市起源于创意产业，但其内涵超出了产业规划的狭隘范畴。创意城市立足于人才、科技与环境三大城市发展本质因子，是城市整体的更新，是城市全面可持续发展的科学理念，是一种富有文化个性与创新活力的城市复兴与发展模式。在创意城市发展的成熟阶段，创意从局部走向普遍，从专业领域拓展至生产与生活各个方面，从高知人才与技能阶层扩展至一个地区的所有居民。创意城市富有创意氛围，激发创意活力，并且拥有实现创意的经济、技术、政策、法律等各方面条件。

根据 Landry 的论述，创意城市成功的因素一般具有如下几点：基础设施、历史、个体、开放的交流、网络、组织能力、认识到有危机或挑战需要面对、起催化作用的事件与组织、创意空间等。昆兹曼和唐艳（2013）认为这些创意城市的标准制定于十几年前，彼时欧洲城市还没有兴起创意热潮，也没有规划者和政策制定者受到创意城市的感染。随着时间的推进和创意城市的发展，他们认为创意城市还应该具备如下因素：一个确定的文化形象、成熟的文化产业集群、高等艺术与媒体教育机构、范围广泛的各种创新高科技环境背景、可负担住宅与低生活成本、愉快的氛围。

Florida 和 Glaeser 提出了关于创意城市基本构成要素，即"3T"与"3S"理论。"3T"是指人才（talent）、技术（technology）和宽容（tolerance），其基本逻辑是宽容吸引人才，人才创造科技。为激励创意和促进经济增长，一个地区必须同时具备"3T"要素。Florida 认为创意资本基于创意阶层，区别于传统的人力资本理论。传统人力资本理论的基础观点是创造性人才是区域经济增长的动力，高等教育人才集聚的地区更加具有优势。而创意资本要体现在两个方面：一是明确了对经济增长具有关键作用的一类人力资本即创意阶层，二是明确了这类人进行区位决策的根本因素。人类的创意已经成为新经济形态中最重要的生产因素。创意既不能随意买卖，也不能像机器那样随时启动，因此激发创意不同于投资其他生产要素。经济增长依赖的关键性资源——创意人才是高度流动的，因此衡量经济竞争力的关键尺度，是一个地区吸引、培育和调动这种人才资源的能力。

"3T"理论提出后，许多学者从不同角度进行了论证与检验，研究表明创意阶层不仅适用于大城市，而且也适用于中小城市，甚至乡村地区。Glaeser对"3T"理论进行了再次检验分析，坚持强调技术才是经济增长的关键因素，其对Florida的数据进行重新检验，并认为发展创意经济真正有效的因素是"3S"——技能、阳光和城市蔓延。两位学者均认同人才与技术对城市发展的重要性，双方的分歧主要有两点：一是在影响经济增长的核心要素方面，前者强调创意人才，后者强调技能水平；二是在如何吸引人才方面，前者强调城市的多样性与包容度，后者强调消费型城市的舒适度与便利性。"3T"理论强调人才，Florida通过职业界定出来的创意阶层，代表一个城市中创意能力较强的群体，是城市创意的主要源泉，也是经济发展的主要动力；"3S"理论强调技能，城市整体技能水平的提升依托于专业性人才，其所涵盖的人群比创意阶层的范围更小，并且技能对创新的激发效应更多地表现为实现创意的过程。从创意经济的本质以及城市发展的核心要素出发，"3T"理论与创意城市的内涵更加契合，而"3S"理论则在集聚效应、经济波动、激发创新等城市发展的一般性规律方面更加具有借鉴意义。人类社会发展进入创意经济时代，经济增长真正从依赖自然客体资源为主转向开发人类主体资源为主，创意成为经济增长的主要驱动力。

Hosper认为集中性、多样性和非稳定性三个要素可以增加城市创意的形成机会，从而提出了构建创意城市的"三因素"说。集中度能够带来人们信息交流和社会交互所必需的集聚效应，使城市中创意的可能性大大增加，集中不仅仅体现在人口数量上，交互的密度更为重要。多样性不仅仅是城市居民的个体差异，还包括他们不同的知识、技能和行为方式，甚至扩展到城市不同的意象和建筑。多样性能够带来动力，使城市生活更加繁荣，是创意城市产生的丰厚土壤。此外，Hospers发现一些处于危机、冲突和混沌时期的城市却展现出极大的创意，因此非稳定状态也是引发创意的不可或缺的基本因素。

"3T"理论为城市和区域经济增长提供了新的诠释，为城市吸引创意阶层，刺激经济增长，提升自身竞争力提供了新的理论基础。Florida开创了创意阶层研究的新领域，明确了创意城市的构成要素，引发了学者们对创意城市问题的进一步关注和热烈探讨，但目前学者们对创意阶层、创意产业、创意经济以及创意城市等相关概念的内涵并未形成统一认定，对创意城市的类型、创意城市的构成要素、创意阶层的评价指标、创意城市综合评价指标体系等方面的研究都属于创意城市研究的重点内容。

文献中，很多人认为创意城市理念已经成长为城市发展的一种新范式，但是也有人认为创意城市不过是一种不可持续的、创造性的概念热潮而已，一旦人们发现创意城市实际能带来的现实效应非常有限，它的吸引力就会逐渐消失。昆兹曼和唐艳（2013）认为尽管创意城市的概念模糊和笼统，但在全球化和城市竞争日益加剧的特殊背景下，创意城市激励着城市规划者、政策决定者等想方设法通过"创意"来推进文化、经济和城市的全面发展。

每个时代都存在类型不同的创意城市，划分为技术－生产创新型、文化－智能创新型以及文化－技术创新型。技术－生产创新型城市，城市创新表现为生产中的技术创新，技术创新成为这一阶段经济发展的重要推动力，代表性城市主要有英国曼彻斯特和格拉斯哥等。文化－智能创新型城市，文化领域的创新带动了生产领域的一系列革新与发展，代表性城市主要有美国洛杉矶和孟菲斯城等。

文化-技术创新型城市，是艺术与技术结合的新一类城市，代表性城市有伦敦、巴黎和纽约等。城市只有通过创意途径才能在世界经济的激烈竞争中彰显城市个性，进而解决全球化与地方化的矛盾。从经济与城市发展的历史进程视角入手，可概括出四种类型的创意城市，即技术创新型城市、文化智力型城市、文化技术型城市、技术组织型城市。技术创新型城市多为新技术的产生地甚至是技术革命的发源地。文化智力型城市偏重于软条件，如文学与艺术，通常出现于现存保守势力和拥有新思维的激进分子进行相互对峙的紧张时期，文化艺术上的创新革命不断吸引着外来者。文化技术型城市兼有以上两类城市的特点，技术与文化携手并进，形成了所谓"文化产业"。技术组织型城市是由政府主导与当地商业团体通过公私合作开展创意行为，在创造性地解决人口大规模聚集城市产生的基础设施与公共服务等问题的过程中，造就了技术组织型的创意城市。

2. 创意城市与创意经济的关系

创意城市是创意人才和创意经济的空间载体，是实现传统城市再造、提高城市竞争力和促进城市可持续发展的有效模式。创意城市强调重塑城市形象、开发人类主体资源，以科技创新和文化创意双轮驱动经济发展，实现城市持续发展的战略转型。世界经济在经历了农业经济、工业经济、服务经济等几个阶段性的发展之后，进入了一个崭新的时代，即创意经济时代。在研究20世纪90年代美国新经济繁荣本质时，新经济繁荣之后是以知识和创意为本的经济时代。由于城市是经济运行的中心、经济社会发展的主要载体，创意经济离不开城市这个组织者和承载者，那么，创意经济的发展就必然推动城市的发展一并进入创意时代。

创意经济是后工业社会或后现代社会的主流经济或主导经济。创意经济的内涵与知识经济等同，涵盖面非常广。它不仅包括创意产业，而且可以统括所有用创意成果提高生产效率、改良生产方式、符合可持续发展要求的新兴产业部门，如效益农业、新型工业、新兴服务业等。它不仅产生了新的创意产业部门，而且将彻底改造所有的传统产业，深刻改变整个国民经济的发展方式，深刻改变全体公民的生产生活观念，深刻改变理论和思想研究的基本内容和方法。创意经济将成为科学发展观的实现结果。在知识经济或信息经济时代，对未来的战略设计和洞察能力，正成为国家竞争能力的核心力量，创意经济的竞争正在成为国家间最高层面的战略竞争。可以预言，21世纪中国的整个经济体系将在创意经济的框架下重新整合与调整。城市经济是以城市为载体和发展空间，生产要素高度聚集、规模效应和扩散效应十分突出的区域性经济。工业化极大地推动了城市化，城市的"经济心脏"功能也日益增强。城市的兴衰直接影响和调节区域经济圈的发展，首位城市的繁荣程度甚至与整个地区或国家的经济发展水平正相关。

创意城市有利于对传统城市发展困境的创造性解决。因为创意产业是创意经济的支撑，创意产业在城市中的集聚，可以通过创意产业的强辐射效应加快城市的产业结构实现由传统制造业向现代服务业的转变，城市的功能空间由旧厂区改造向智能型空间转型，城市创意产业园区向创意城市演进，进而推动城市的增长方式由粗放型向集约型转变，城市竞争力提升，趋向可持续发展。所以，世界各大城市非常重视创意产业在城市发展方面的特殊作用，出于对未来发展的考虑，提出了全方位的新目标、新要求以期能够提升城市文化竞争力。如伦敦提出了建设为世界创意文化中心的目标，东京制定了发展为充满创意的文化都市的战略，北京在《"十一五"规划纲要（草案）》中提出了发展创意产业的战略，上海提出了创意城市的发展战略，并初步建立上海创意指数体系，等等。同时，一些国际组织也积极参与到创意城市的建设中来，如联合国教科文组织"创意城市基本网络"的成立。因此，创意城市已成为世界各国突破传统城市困境的新范式和新途径。

创意城市的建设，首先会带来创意经济的强势发展。创意经济的发展依靠创意各要素的综合成长及融合推动的作用。创意者及其创意对于创意经济发展极其重要，必须要创建一个具有创意情境的环境，吸引大量创意者汇聚，并因之而成群体，这个群体不断在思想碰撞下产生新的创意，开展创意活动。创意者群体也因为他们的活动、影响以及贡献，逐渐成为创意阶级。因此，创意经济可以说是基于个体杰出的劳动能力，以知识产权为核心的资源要素，合理借助其他资源，实现价值创造和就业增加的产业或部门。

创意经济对创意城市的推动力主要表现在如下几个方面。首先，创意经济的核心动力要素是个体的创造力。在传统的经济增长方式下，物质资源的开发主导着经济发展。然而，物质资源终将面临枯竭，资源危机、能源危机、生态危机已经显现。因此，以高端价值链为主导的创意经济获得了广泛关注。因为，创意经济是以完全无污染、可再生的智力资源作为依托而形成知识经济，能在高端环节实现几何倍增，能充分发挥人的主观积极性和创造力，能实现人的全面发展。而创意阶层的崛起是创意城市的基础，因此创意经济与创意城市表现出互为推动。其次，创意经济的发展动力是创意者的创新活动。生产力的提高依赖于新发明的产生，艺术层次的提高依赖于新创意的提出，管理理念的进步依赖于新产品的推动。创意者的创新活动产生的新创意一旦被选择并与其他资源相结合，必然会衍生出新的产品，不断满足日益扩大的市场需求，创造出巨大的社会财富。新创意不停止，新产品就会不断涌现，新市场就会持续得到开辟。所以，创意的不断创新是城市创新、区域发展、国力提升的原动力。再次，创意经济的物质支撑是创意产业。创意者的新创意一旦被选择并与其他资源相结合，便融合发展形成创意产业。因此，创意产业是创意经济的主要物质表现形式。它具有汇聚人力、物力、财力的功能，运用并发挥知识产权的作用，不断推动新创意的产业化和传统产业的新创意化，不断提升城市及其所在区域产业的层次和水平，从而不断体现创意经济发展的财富效应。最后，创意经济的根本性质是知识产权的交易。在创意经济发展中，版权、专利、商标、设计等成为创意经济标志性内容，传统的物质产品被新型的知识产品所取代，创意产品的专利性、技术性和附加值更高，要求创意产品内在的知识产权，诸如产品创意的所有权、占有权、使用权和收益权要得到保护，这就要求知识产权成为财富创造和利润分配的"钥匙"。保护知识产权就是保护创意活动的正常开展，保障创意产业的有序发展，更是保护创意者的权益，激发其不断产生新创意的前提。因此，我们说"知识产权"是把创意作品变成创意产品再变成创意商品的"转换器"。

三 上海打造世界创意人才高地

（一）上海创意人才现状

上海一直注重各类创意人才的吸引和集聚，结合其自身的区位优势，积极完善相关人才引进政策，为来沪创意人才提供多种优惠策略，努力搭建宽松自主的创业平台，并编制了《上海市文化创意产业人才开发目录》，加强紧缺人才培养；通过采取这一系列措施，上海逐渐优化其文化产业发展环境，营造适宜创意人才集聚的产业生态，着力培育创意产业生根发展的沃土。

服务业是现代经济的重要组成部分，是经济发展和社会分工专业化的产物。近年来上海服务业持续蓬勃发展，第三产业增加值所占GDP的比重达67.8%，占全社会就业总量的比重也逐年上升，2016年4月已达71.5%，成为吸纳就业特别是高校毕业生就业的主要渠道。从未来发展趋势判断，金融、科研、教育、设计制作、电子商务、动漫设计、现代物流等知识技术密集型的现代服务业，可以为受过良好教育的大学生提供更多的就业机会。

根据《2016上海科技创新中心指数报告》，2015年"人才20条""人才30条"新政实施以来，上海以更积极、更开放、更有效的政策集聚支持海内外创新创业人才。海外引才方面，截至2016年10月底，符合"人才20条"条件的市场化认定的184名外籍高层次人才申请成功，领取永久居留证。截至2016年11月底，符合条件的147名外籍高层次人才领取了5年期人才类居留许可推荐函和人才签证（R字签证）推荐函。2015年下半年试点外国留学生毕业后直接留沪就业以来，有81名外国留学生毕业后直接在沪就业。国内人才集聚方面，"创业人才、创新创业中介服务人才、风险投资管理运营人才、企业高级管理和科技技能人才、企业家"这"五类人才"绿色通道目前落户126人。

2016年，领英（LinkedIn）发布了《上海市科创中心人才报告》。这是一份与文化创意人才最密切相关的报告。本课题将主要引述与上海文化创意人才发展紧密相关的内容。

上海人才在领英注册人数约有100万人，其汇聚行业最多的主要有先进制造业、金融、互联网与软件行业。具体的，互联网与软件占比约为11.5%，娱乐占比5.9%，企业服务占比8.4%。而文化创意产业注册人数相对较少，可能文化创意产业就业模式与其他行业存在差异，但也在某种程度上说明上海直接从事文化创意产业的人数相对较少。人才学历结构方面，上海硕士及以上学历的人才占比很高，达45.7%，留学比例高于全国水平，约为20.4%。进一步的，对比上海人才涉及的国内和海外院校可以发现，上海人才国内毕业院校来源地前十名的全部是上海本地院校。这一特征事实反映出，上海对自身培育的学生充满吸引力。上海有67所高校，是我国拥有高校数量最多的城市之一。

该报告还保留上海的跨城市人才引力指数，对比分析了北京、广州、深圳、苏州、杭州、南京、天津、重庆、成都9个城市，发现在2014和2015年上海对其中7个城市总体呈现人才净流入状况，说明上海市对这些城市人才的吸引力较强，特别是广州、苏州、杭州、天津、重庆5个城市的人才向上海的流动性有所增强。

上海在打造文化创意产业世界人才高地方面具有一定的优势。一是，职场发达程度在国内名列前茅，在该报告中统计的"职场社交产品用户数量""职场活跃度""职场档案完整程度""城市拥有的公司数量""城市开放的工作机会"五个维度上上海位列前一、二位。二是，上海受到高校应届毕业生的喜爱。在"211高校学生就业去向城市"这个选项中，上海仅次于北京位列第二。从人才总体教育背景和各行业的情况来看，上海高校是本地最重要的人才输入地。三是，上海对海外背景人才吸引力强。上海有留学背景的人才比例高达20.4%，高出全国平均水平8.3%。在四个重点行业中，上海有海外留学背景的人才比例均高于国内对标城市。

上海文化创意人才发展也存在一定的挑战。一是，对部分城市、在部分行业，人才吸引力需要进一步增强。虽然对多个城市呈现净流入状态，但对于深圳和成都呈现净流出状态，对北京和南京的人才吸引力有所下降，特别是互联网和软件行业吸引力指数呈现下降趋势。

二是，应当加强引进、培养行业自身人才。在四个重点行业中，上海人才的平均从业年限与国内对标城市类似，而远低于国外对标城市的平均从业年限。也就是说，上海缺乏留住人才的环境。三是，部分领域缺乏高端研究型人才。从教育背景来看，上海具有博士学历的人才比例为4.5%，低于全国平均水平5.3%。在与文化创意产业密切相关的互联网和软件行业中，上海博士比例也都低于北京和国外对标城市。

（二）创意人才高地建设分析

1. 创意人才高地建设基础

上海市高质量的经济发展水平和产业结构为创意人才世界高地打造奠定了良好基础。经济总量规模大、质量高，为吸引优秀创意人才提供了有利条件。首先，上海市经济发展水平领先全国。2016年上海市人均GDP达10.31万元，位居全国前列。其次，上海市在国际城市中具有较强竞争力。根据世界第三方机构仲量联行（JLL）对全球城市的多项指标排名，上海市在全球城市中具有极强竞争力。上海市的经济量位全球第6位，商业吸引力全球第8位，不动产投资全球第11位。产业结构优化，特别是文化创意产业的发展为创意人才世界高地打造提供了空间。首先，上海市坚持推进产业结构转型，大力发展现代服务业，为文化创意产业发展提供了良好的基础。2015年上海市第三产业增加值占GDP比重达67.8%。战略性新兴产业增加值达3746.02亿元，占上海市GDP的15%。其次，上海市文化创意产业发展成绩斐然，其产出总值和增加值由"十一五"末的5499亿元和1673亿元快速增长至2014年末的9054亿元和2833亿元。2015年文化创意产业实现增加值占第三产业增加值的17.85%。

开放的优良传统与现代城市先进治理理念是打造上海创意人才世

界高地的重要优势。上海发展秉承一贯开放的优良传统和优势。首先，上海一直是改革创新和锐意进取的前沿阵地。上海市"四个中心"建设、"自贸区"建设都深刻反映了上海在改革创新的一贯传统。其次，上海始终保持开放姿态，与世界重要城市联系密切。2010年，上海被授予"设计之都"称号。目前，上海的国际友好城市总数达到78个，与加入全球创意城市网络项目的大多数城市建立了友好城市关系。上海一直实践现代城市治理的优秀理念。首先，充分发挥市场对创意人才资源优化配置的作用，同时政府积极介入发挥引导作用。上海一直实行的人才积分落户政策，充分展现了上海市现代城市治理的优秀理念。其次，作为我国经济最发达的城市之一，上海市非常重视人才发展工作，积极对接《国家中长期人才规划纲要2010－2020》，落实国家人才强国战略，先后推出了上海人才发展体制的"20条意见""30条意见"等具体措施，把先进城市治理理念与体制机制改革进行了有机结合，展现了上海市打造创意人才世界高地的优势条件。

2. 创意人才高地建设挑战

上海市创意人才高地建设存在的挑战如下。

一是，薪资水平过低。2008年以来，上海的居民消费指数一路攀升，人们实际感受到的物价上涨幅度远比政府的统计数据要高，人们消费的房屋的租金、饮食费用、交通费用等价格历年涨幅都在20%~30%左右，职场年轻人一直负担着很大的压力；2012年上海文化相关行业的平均工资为5346元，仅略高于职工平均工资4692元。有研究者通过对人才市场、人才网站和相关论坛的调查统计发现：2012年，平面设计岗位第一年的薪酬平均为税前2000元/月~4000元/月，按4000元/月计算，则税后薪酬为不足3000元，其收入只能勉强应付正常的生活开销，除去基本的生活开销如住房、吃饭、交通费之后所剩无几，社交、文化消费需求被大大压缩，更不用说对自我发展的投入；创意人群中也多存在"蜗居""蚁族"现象，逐年上涨的物价指数和生活成本使那些薪酬较低却怀抱创意理想、寻求更高发展的创意人才只得向现实妥协，选择租住条件极其简陋的房屋。

根据上海市人力资源和劳动保障部门发布的《2015届高校毕业生就业状况报告》来看，2015届上海高校毕业生毕业一年后的月薪水平：在金融业就业的毕业生平均月薪最高，为7290元；其次为教育业，平均月薪为6868元；信息传输、计算机服务和软件等IT行业的平均月薪为6682元。从2015届上海高校毕业生平均月薪的增长速度来看，教育、制造、卫生等行业增长速度较快。这些行业提供的岗位起薪虽然并不高，仅仅三四千元，但高校毕业生在就业一年后的收入水平就可以达到六七千元。图5-1汇报了上海市毕业生平均月薪水平。

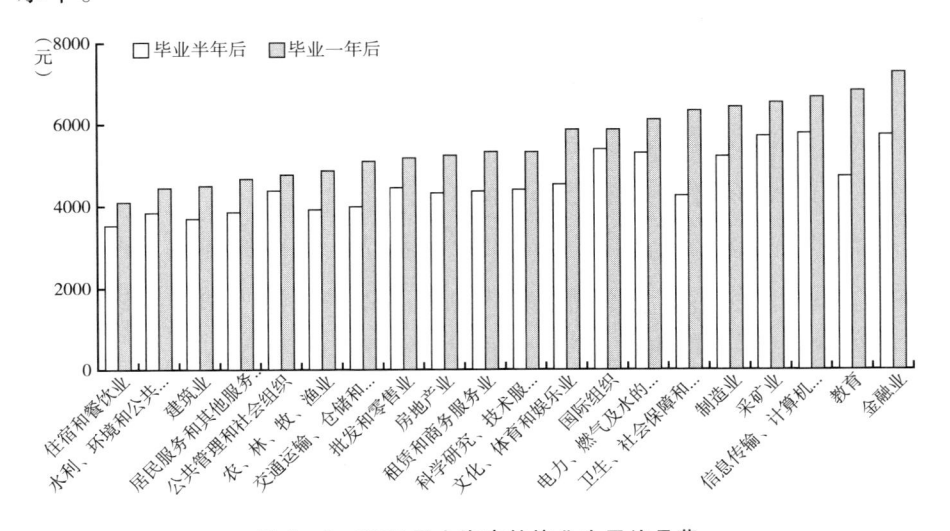

图5-1 2015届上海高校毕业生平均月薪

资料来源：《2015届高校毕业生就业状况报告》。

2. 培养机制不完善，绩效考核透明度不高

季丹（2013）通过对上海创意产业人才发展基本情况的实地调

研，指出创意产业人才的培养机制存在培养体系不健全、培养模式缺乏创新性、后续培训时间不足、内部培训内容单一、产学研互动培训缺乏等问题。培养体系不健全体现在培训主体单一，以内部培训为主，缺乏相关的社会组织或培训机构，仅仅依靠高校的文化创意相关专业输出高端创意产业人才，导致相关基础类人才的严重缺乏；另外，创意人才的培养缺乏后续投入，仅仅在专业技能层面为创意人才提供培训，没有关注到对创意人才进行市场、管理、企业文化等方面的全面培训。

对创意人才的绩效考核存在两方面的问题。一是，创意人才的价值难以准确衡量。创意人才主要依靠脑力劳动来创造价值，他们自身的经验、知识是其无形的资本，以此来分析、判断、创造出创意产品，面对这种特殊的工作模式，传统的绩效考核机制就难以对其创造的价值准确衡量；创意人才工作业绩的不确定性也让他们付出的时间与努力不能得到及时的认可。二是，创意人才的绩效考核还未做到公平公正。在本文进行的问卷调查中，有约25%的被调查者对企业人才激励的建议是做到按劳分配、公平公正。员工迫切希望公司的奖惩制度能够制度化、公开化、透明化，减少人为操控的现象，否则很容易在队伍里产生猜忌、不满，打击创意人才的工作主动性和积极性。

创意人才发展空间包括发挥自己才能的空间以及自我价值实现的空间。一是，创意人才将个人的思想、情感、价值观等元素倾注到作品中，希望创造出高质量的创意产品，因而需要有极高的工作自主权，不喜欢其他人的指手画脚，如果企业对他们的监管太严、没有给予他们足够的自由发挥空间，会导致创意人才的流失。二是，大部分的创意人才受教育程度较高，会有更高的目标追求和自我实现的需要，他们渴望公司对自身创意的尊重、对人才发展的重视，给予创意人才足够的自由创意空间，使他们能够通过创意达到自我价值的实现。

之所以产生这些挑战，主要有如下几方面的原因。

一是，企业的培训体系建设滞后。企业培训体系的相对滞后会影响创意产业进一步发展。一方面，企业对创意人才的培训都属于自愿行为，没有规范化的引导与制度来为培训体系建设做支撑，而且企业多只注重眼前利益，偏向对创意人才的才能使用，不去关注他们自我的学习和发展，再加上创意人才本身的高流动性，更使企业觉得对人才的培训风险太高而选择放弃投入；另一方面，现有的培训都是完全由企业承担，这对大多数经济实力较弱的中小企业而言，经济支出压力巨大，无法提供完整全面、高质量的培训。

二是，激励机制不健全。目前上海创意产业的发展主要缺乏人才和氛围，而"氛围"则需要通过创立一套激励创意的机制及评判标准来营造。科学明确的激励机制可以给组织中的创意人才指明获取更高价值的渠道，有利于营造公平和谐的氛围，而从本文的研究调查结果来看，很多企业存在人治、制度不透明的现象，因此，建立公开科学的创意人才激励机制成为多数被调查者的强烈诉求。

三是，相关人才政策缺乏创新和有效执行。2010年上海市启动了"上海青年高端创意人才促进计划"以及文化人才引进"绿色通道"等计划来鼓励和推动创意人才的发展，但是这样的政策局限性太大，把更为广泛的从业人员隔离在外。在这一方面，杭州就有许多值得借鉴的地方，杭州推出的"青年艺术家发现计划"、"居住杭州计划"和"中国杰出女装设计师发现计划"等政策较之上海更有活力和实效，显示出了城市文化的特性及文化与产业结合的特色；上海虽致力于打造"创意之都"，但其人才政策并没有显示出应有的优势和前瞻性，政策的灵活度不够高、执行面不够宽、社会影响力不够大,而且上海在选拔文化创意管理人才上,仍固守传统人才思想和模式,缺乏与时俱进的创新性。

四是,知识产权保护制度不到位。只有尊重和保护知识产权的社会环境才能保证创意产业及其人才队伍的健康成长,我们要对原创性加以保护,尊重个体的创造力价值,因而创意产业的发展离不开强有力的知识产权体系。但是由于相关领域法制的长期缺失、不健全以及执法、司法的力度不够,侵害知识产权的行为越来越猖獗;自《上海知识产权白皮书》公布以来,仅2011年,上海各类侵犯知识产权违法犯罪案件993起,涉案总值8.8亿余元。在季丹(2013)的调研中,有近47%的被调查者表示,严重的创意产品及设计作品侵权现象阻碍了创意人才落户上海的想法,专业创意人才从事创新活动的积极性受到较大影响;同时,针对创意产业知识产权保护和专利转化的普及宣传力度不足,相关的公共服务和市场中介服务发展还不完善,阻碍了创意成果的推广与应用。

当然,除了外界的几方面原因,创意人才本身也应当承担一定的责任,比如他们自身的知识产权保护意识不强,导致原创作品遭到抄袭或复制,以及一些创意人才太过自傲,没有平稳的心态面对失败或成功等。

3. 创意人才高地建设路径分析

(1) 创意人才的培养模式。发达国家都把创意人才的系统培养、培训视为国家人才战略,他们培养创意人才的主要措施包括普及"创造教育与创业教育"政策、完善知识产权保护政策以及创意人才相关激励机制、构建"创意生活圈"等。我国创意人才高地的战略意义:要促进各产业、各行业之间的融合,整合优势资源,充分发挥城市中创意产业集聚区的功能效应,为创意人才提供开放的、人性化的软环境,大力培养创意人才的国际竞争力,促进其

"柔性流动"。对创意人才的培养需要确定培养的目标，要通过创新学科体系、完善教学设备条件，加大力度进行产学研合作，除了政策、法制保障，资金等投入，营造良好的创意人才培养环境之外，还应成立综合协调部门对创意产业人才培养进行专门管理；应当在考虑我国创意人才需求特性的基础上，推广创意产业人才的"学校—企业—社会"三位一体的粗加工、深加工和精加工的"三加工"培养模式。

（2）创意人才激励的影响因素和发展战略。要注重对创意人才的物质激励，这样可激发创意人才的工作积极性同时也会让他们感受到来自同行的认可及尊重。对创意人才的激励主要是精神激励，创意人才希望从工作中获得的不仅是工资，还有其带来的满足感、荣誉感，因而他们是"本质上的志愿者"，与公司的宗旨、发展目标融为了一体。激励创意人才要将物质激励和精神激励紧密结合起来，同时可以通过将培训和职业发展规划组合成独立的部门为组织提供专门的沟通平台，构建平等和谐、宽松自主的文化氛围，培育适宜创意人才发展的工作生活环境。

首先，政府要努力营造有利于创意人才的培育、成长和价值实现的政策环境。其次，学校要尽快完善相关专业和学科的设立与开发，创新人才培养方式。企业要加强软环境建设，吸引和培养更多创意人才，提升其创意能力。政策制度、环境、文化等因素都会对创意产业人才的吸引与集聚产生影响。为了保证将创意产业打造成各地区新经济增长的动力引擎，完善现有的法律法规、打造适合创意人才发展的环境、保护和开发文化资源等对于吸引和留住创意人才至关重要。尽管国内关于创意人才激励的实证研究并不多，但也有不少学者进行了理论探索。宏观激励包括以政府为主体的知识产权保护、贷款优惠、财政拨款、税收优惠，微观激励即企业应为创意人才提供成长激励、成就激励、环境激励以及薪酬激励。合理的成长激励指设计清晰的职业生涯规划、科学的培训体系、多轨的晋升制度、丰富的业余生活。完善的成就激励,即人岗匹配、充分授权、参与管理以及给予更具挑战性的工作。全面的环境激励包括良好的创意环境、沟通环境、竞争环境和团队氛围。长期的薪酬激励则包括宽带薪酬、奖金和股票期权激励以及人性化的福利。

四　建设上海一流创意城市

(一)上海创意城市建设现状

2010年2月10日,联合国教科文组织批准上海正式加入联合国教科文组织"创意城市网络",授予"设计之都"称号。联合国"创意城市网络"成立于2004年10月,致力于发挥全球创意产业对经济和社会的推动作用,促进世界各城市之间在创意产业发展、专业知识培训、知识共享和建立创意产品国际销售渠道等方面的交流合作。目前,创意产业设立设计、文学、音乐、民间艺术、电影、媒体艺术、烹饪美食七个主题。上海为推进"创意城市"的建设,创新和创意已经成为上海综合竞争力的重要资源,是决定上海未来发展的重要因素。在经济全球化的时代,各国经济发展更多地取决于通过创造、创新和创意的手段进行的"知识生产"。2004年起,上海在全国率先提出推动创意产业发展。上海市委、市政府明确提出加快形成以服务经济为主的产业结构,把文化产业和创意产业作为重要发展内容。上海加入世界"创意城市网络",不仅有利于上海推动文化和创意产业发展,促进经济发展方式的转变和产业结构的调整,还可促进创意设计更贴近社会和人们的生活需求,改变人们的生活方式及提高生活质量。上海市相关部门组织编写了《创意产业"十二五"规划》和《创意产业三年行动计划》等规划纲要作为上海市文化创意产业发展的指导准则。建设创意产业集聚区、发展重点设计领域、建设创意产业展示和服务平台、加快培养和引进创意人才及加强创意产业国际交流,成为上海创意城市建设的重要内容。

1. 政府制定发展规划,宏观指导和灵活调控

创意产业的发展对城市产业结构的合理性调整和经济发展模式的变更有着重大的作用。因此,上海市创意产业的发展得到了政府的高度重视,并制定了相关政策对其加以扶持,在上海市创意产业发展的过程中起到了积极作用。2005~2011年上海市推出了一系列指导创意产业发展的前瞻性规划,包括《上海创意产业发展重点指南》、《创意产业集聚区建设管理规范》、《上海市加快创意产业发展的指导意见》和《上海创意产业"十一五"发展规划》等。其中《上海文化创意产业发展"十二五"规划》明确提出:"要把文化创意产业打造成为引领和支撑上海新一轮发展的重要支柱产业。"上海市政府在出台这些规划的同时还实施了落实扶持政策、落实引导资金、搭建公共平台、协调部门关系等一系列辅助性举措。

2. 搭建公共服务平台,营造创意氛围

目前,上海拥有上海创意产业协会、上海创意产业中心和上海社会科学院创意产业研究中心三家非政府专业组织机构,其主要成员分别为政要、专家和学者。上海市政府在产业协会协调、产业中心的市场化运作推动、上海社会科学院创意产业研究中心提供理论研究的指

导下，逐步建立健全创意信息服务平台、创意产业投融资平台、创意产品展示交易平台、创意理念国际交流平台、创新思维教育培训平台、知识产权保护平台六大创意产业公共服务平台，为上海市创意产业的发展构建了优越的创意环境，提供了多方面的周到服务，从而全方位推动上海市创意产业发展。

上海市创意产业的六大公共服务平台都是通过具体的服务为创意产业发展提供便利条件的。一是创意信息服务平台。2005年，上海市建成创意产业网并同期投入使用，该网与全球20多个创意网站相连接，在最新的行业信息、产业动态和市场行情等相关信息的提供方面做出了巨大的贡献。目前，该网站已经成为上海乃至全国最大的创意产业设计服务平台，同时也提供交流、展示、设计交易创意性服务。二是创意产业投融资平台。2005年，为了对创意产业提供资金支持，上海创意产业中心联合上汽集团和英国的霍金斯机构设立了上海创意产业投资有限公司。为开辟融资渠道，获取充足的资金，该公司积极寻求与商业银行、政策性银行等金融机构和风险投资公司的合作，并将此提升到战略高度。三是创意产品展示交易平台。近年来，具有长年展示、交流、发布和交易四个方面功能的上海香港新世界广场的"上海创意之窗"，已成功举办多次大型创意产品展示、交易活动。四是创意理念国际交流平台。上海创意产业中心与联合国教科文组织、贸易发展组织、知识产权组织、全球创意产业联盟以及英国、美国、德国、法国、意大利、日本、韩国、瑞典、加拿大、丹麦、荷兰、新加坡等30多个国家和地区的创意产业机构建立了合作关系。五是创新思维教育培训平台。上海市拥有上海交通大学、同济大学、华东理工大学、华东师范大学、复旦大学上海视觉艺术学院、上海师范大学、东华大学、工程技术大学、上海理工大学等众多高等院校。作为创意人才摇篮的众多高校，为上海市创意产业的发展提供了强有力的人才支持，上海市政府以众多高校为依托，联合企业、行业机构和国际组织，建立了"上海创意产业人才培训基地"，从产业需要出发，设置相关特色教学专业，为创意人才的培养提供了不竭动力。六是知识产权保护平台。上海市为维护创意产业的公平竞争和健康发展，联合专业服务机构设立了"上海创意产业知识产权事务中心"，旨在为创意产业发展提供知识产权的保护服务。

3. 上海创意城市评价指数

本节主要介绍林存文和吕庆华（2016）的研究工作。国内创意城市的评价体系大多是在 Florida "3T" 理论的基础上，借鉴 Landry 等的评价体系，并结合中国各地区及各城市的实际情况来选取评价指标。当前国内较有影响的地区性评价体系主要有香港创意指数（HKCI）、上海城市创意指数、北京文化创意指数和中国城市创意指数（CCCI）、中国省市文化产业发展指数（CCIDI）等。香港创意指数更多地体现出香港地区创意经济的发展同社会文化价值及制度、法律等方面的联系性；上海城市创意指数、北京文化创意指数主要用于度量上海、北京创意产业发展的情况及评估城市创意产业的竞争力，具有较强的针对性；中国省市文化产业发展指数基于省际地区比较，内容系统全面，既包含定量指标也包含定性指标，但由于定性指标数据收集较难，其信度和效度较难保证；而中国城市创意指数具有简洁、可比性强的特点，数据都是来源于统计年鉴等公开发布的数据，便于对不同城市进行横向比较，但二级指标都是由两个三级指标来衡量，代表性指标数量有限，制约了对上一级指标衡量的系统性和全面性。林存文和吕庆华（2016）筛选提炼出反映我国创意城市发展水平的四个构成要素：创意资源、城市便利、城市宽容和城市政府支持。

创意资源要素由创意产业成果、人力资源、科技资源和文化资源组成。其中，人力资源与科技资源对创意城市的重要性，是不言而喻的。人才是城市的重要资产，市民是城市的重要资源。人才创造科技，可以为创意城市发展提供强有力的科技支持。文化资源及其资本属性，通过产业化开发，可以形成现实的文化创意产业，反映一个地区创意产业发展的水平和潜力，是创意城市建设的人文基础。城市便利要素由城市经济环境和城市生活环境两部分构成。创意城市的发展，离不开吸引创意人才的便利设施和环境。城市环境一般包括人文环境和自然环境等类型。城市宽容要素由城市社会价值和城市开放两部分构成。城市宽容氛围是创意城市软环境建设的核心要素，其中，城市社会价值是宽容氛围的内在来源，城市开放水平则是宽容氛围的外在表现。Florida指出，宽容和多样性对人才和经济发展的影响力是很重要的，"宽容、开放的地区在吸引各地的不同人才上占有绝对优势，这个吸引人才的能力又激发了它们建构和激发创意资本的能力，从而促进了变革，建立新企业，吸引其他企业加盟，最终创造新财富和繁荣"。

基于如上论述，林存文和吕庆华（2016）提出由创意资源指数（Creative Resources Index）、城市便利指数（Amenity Index of City）、城市宽容指数（Toler-ance Index of City）和城市政府支持指数（Govern-ment Support Index of City）组成的CATG创意城市发展水平评价模型。

根据如下评价模型所计算的创意综合指数方面，上海排名第三，位居北京和深圳之后。创意资源指数方面，上海排名第三，位居北京和深圳之后。城市便利指数排名第六，位居深圳、北京、广州、珠海、厦门之后。城市宽容指数排名第八，位居深圳、珠海、厦门、苏州、广州、宁波、北京之后。城市政府支持指数方面，上海排名第七，位居深圳、北京、珠海、厦门、广州、杭州之后。

（二）世界创意城市建设经验

文化创意产业主要揭示的是在经济全球化的今天，不同艺术与文化交融的表达方式。Hall 和 Peter（1998）在历时十年的研究中发现大城市往往是创意产业产生的摇篮。从发现人类开始，从公元前400~500年的雅典到400~1500年的佛罗伦萨，从1570~1620年的伦敦到1780~1910年的维也纳，从1870~1910年的巴黎到1918~1933年的柏林，我们发现创意产业产生的根本原因就是技术与艺术的融合，例如1910~1945年的梦工厂，1948~1956年的孟菲斯，其创意产业的快速发展对大城市的秩序提出了挑战。

如果我们进一步仔细分析就会发现，以美国纽约、英国伦敦、法国巴黎、日本东京等为代表的文化创意产业都在快速发展。文化创意产业的快速发展也成为这些国际大都市拥有不竭动力的原因之一。Richard 深入研究了城市与创新两者间的关系，指出创新是一种城市氛围。我们会发现世界各国诸多创新主要出现在大都市。另外，我们发现创新是融合了专利和资金流的知识在市场上交易后实现价值的过程。一定程度上创新与特定的地理位置和社会环境是息息相关的。但无论是国家的发展或是城市的进步，最终创新源都会落脚到微观企业上。如果我们测度经济体的创新，通常是根据市场上的交易合同来统计。创新对于中心城市的发展至关重要。因此，创新与城市两者间有紧密的联系。创新是城市活力、动力以及经济增长的根本源泉。文化创意产业正是有效融合技术创新与文化创新的重要方式之一，因此也成为纽约、伦敦、巴黎、东京等国际大都市着重推进的重要产业之一，而对这些国家和地区经验的学习和借鉴对于建设中的上海将具有重大的现实意义。

1. 纽约

纽约不仅是美国经济中心、金融中心、贸易中心，更是文化创意产业中心。作为国际化大都市，纽约一直以多样性文化、不同特色产业的融合为典型特征，这样的特征也为纽约的文化创意产业发展提供了良好的氛围与环境。纽约是全球重要的音乐、舞蹈、戏剧和影视艺术中心。文化艺术部门是全美最大的公共艺术管理机构，为1400家艺术和文化中心提供服务，其中共包括375个博物馆、96个管弦乐队、24个艺术中心、7个植物园、5个动物园以及1个水族馆。纽约是美国的音乐中心，拥有 George Gershwin 等知名音乐家。与此同时，纽约的影视艺术也为这座城市的文化创意产业开创了一个里程碑。今天的纽约已经成为全球艺术中心。这一产业为城市产业进步提供了良好的平台。虽然纽约的影视业与好莱坞相比，规模上还有一定差距，但以百老汇为代表的影视剧产业每年给纽约带来数以亿计的收益。与此同时，纽约开创了21世纪早期的现代舞台艺术，形成了经典音乐与现代音乐的有机融合。除此之外，纽约的小说、喜剧、博物馆业发展都很快。节日游行也成为纽约文化创意产业的重要组成部分。因此总体来看，纽约文化创意产业的发展总体是以服务业为中心，体现服务业相互间的渗透与融合。

从目前找到的纽约统计年鉴的数据来看，我们发现纽约文化创意产业的发展总体呈不断上升趋势。其中机构的增长率达到12.84%，雇员数的增长率为15.61%，同时从年工资增长率来看，从2002年至2007年达到39.95%。与之相关的其他产业，我们发现独立作家和演员的年收入增长非常迅猛，达到62.80%。同时表演艺术运动的倡导者和类似活动的从业人员工资上升也很快，达到55.12%，与之相应的从业人数增长率达到了9.04%；表演艺术运动的倡导者和类似活动的机构数从2002年至2007年间上升了31.56%；艺术、运动和其他公共事务增长速度也很迅猛，五年间雇员收入增长率达到53.19%；游乐园、游乐场和演艺体育及相关产业的雇员年收入增长也相对较高，分别达到43.00%和41.03%。因此，总体来看，2002～2007年美国纽约文化创意产业的产出，虽然增长速度不是最快，但文化创意产业的机构数最多，规模最大。这一数据同时也支撑我们在前文中论证的观点，即美国纽约作为全球音乐、舞蹈、艺术中心，文化创意产业发展非常迅猛，有益于纽约整体经济活力的激发。

2. 伦敦

伦敦的文化创意产业发展相对较早。2012年英国文化创意产业对经济的总体贡献是200亿英镑，解决了全英国6%的就业。伦敦的艺术型企业增长非常快，成为维持这一产业快速发展的风向标。伦敦有173个博物馆、857个艺术中心、796个剧院，每年有17000场音乐剧。84%的人认为伦敦高水平的文化创意产业为其发展高品质的生活提供了良好的环境。伦敦东部文化创意产业的发展得益于大量的投资和商业资助。伦敦其他地方文化创意产业的发展也得益于技术与文化的融合。越是有创意就越需要更多人聚集在一起共同研究、交流和合作，激发更多灵感。以BBC为代表的广播产业在快速发展过程中，其不竭的动力就来自于文化创意产业。2013年Google在法国巴黎设立了文化学院，旨在不断推动技术与文化的有机融合。越来越多的企业欲在快速发展过程中将越来越多不同类型的设计融合在一起，目的是不断创造更强有力的发展前景。伦敦作为世界多元文化大城市的代表之一，各类文化企业都努力营造创新氛围,包括让更多创新者用不同方式制作节目,并与观众不断交流。

因此,总体来看,英国伦敦作为世界上最早开创文化创意产业,并不断完善发展的国际大都市,其创新的源泉主要集中在相关企业上,并通过企业的发展、壮大,注重不同文化之间的融合,多角度全方位论证、研究问题,从而突出了这一产业进步和增长的可持续性,为城市发展创造了不竭动力。

从2014年英国统计年鉴中,仅能从专业服务和商务服务的分类中间接来看文化创意产业的发展。从2014年的情况来看,伦敦各产业占总增加值的比重表现出明显的比较优势,其占比远远超过英国其他地区。而专业服务和商务服务中有较大部分集中在文化创意产业上。也就是说,总体来看,英国的服务业在世界居较发达水平。就2014年地区分布来看,伦敦专业服务和商务服务占有较大比重,说明伦敦作为英国最大的国际大都市,以人力资本为主的知识型、智力型服务产业是其城市竞争力的重要组成部分,而其中的文化创意产业更是不可缺少的部分。

3. 巴黎

巴黎作为时尚之都,在香水、化妆品诸多产业中都具有良好的发展潜力。以法国电影业为例,每年举办各种类型的电影节26场。以法国蓬皮杜等为代表的创意中心聚集了大批现代创意作品,是巴黎文化创意产业快速发展的一个典型代表。这些特征为巴黎发展文化创意产业提供了良好的氛围与环境,将各种新思想联系起来,就更容易碰撞出新型创意思想的火花。巴黎也采用竞争族的方法形成了以化妆品、香水、汽车、服装等为代表的竞争族,发挥自由竞争效应,充分体现市场的功能。为加快发展文化创意产业,政府不断鼓励世界各地的年轻人到巴黎来,将他们创新的思想与动力融入当地文化中来，推动创意产业发展。巴黎市政府大力欢迎来自世界各地的访问学者以及各类投资，但即便如此，Gonguet 认为巴黎还不够开放，文化环境还不够浓、品味还不够高、特色还不够鲜明。

4. 东京

日本东京文化创意产业发展非常迅猛，主要表现在动漫产业及其衍生品中。而且东京文化创意产业非常显著地与制造业联系在一起，是更好表现实体制造产业与虚拟文化创意产业有效融合的举措之一。丰田为代表的制造企业是目前世界上最高效的汽车企业。以丰田开拓的大规模效益、小批量生产的制造模式是非常成功的，不仅实现了规模效应，降低了成本，同时还增加了产品多样性，更好地满足消费者多样化的需求。丰田公司之所以可以很好地解决规模生产与产品多样性两者的冲突问题，主要归功于日本劳动工人与日本文化两者间的有机融合。丰田公司进一步开创看板管理、准时管理等多种过程创新模式，为产业进步创造条件。与纽约更多注重文化创意产业在服务业间的投入，伦敦更注重不同背景、不同专业技术人员的共同融合，巴黎更注重开放、鼓励年轻人创业相比，东京更多注重的是文化创意产业向制造业靠拢，不仅推出多样性的产品，同时加大文化创新元素向制造业生产过程中的不断渗透，不断提高过程管理水平，实现制造产业竞争力水平的提升。与此同时，日本的动漫产业已经逐步成长为其国内第三大产业，年创造价值2000亿日元，而且日本动漫的国际化步伐非常迅猛。日本动漫在本国有60%以上的市场份额，在欧洲有80%以上的市场份额。而东京作为日本首都、最大的国际化大都市，借助文化、创新要素的集聚作用，为日本快速发展的动漫产业提供了优良的创新环境与氛围。

（三）建设世界一流创意城市分析

1. 提高城市创意能力

创意能力是打造创意城市的所有环节的关键所在。创意人才通过将自身的创意输出，输出的科技文化成果转化成经济成果，继而创造经济效应，最终推动经济的发展。这一系列的过程都需要有优质的创意能力。

创意经济依附在人力资本之上，创意人才的引进和培养、创意阶层的影响力直接关系到创意能力的高低。要从教育培养体系、人才流动市场和产业园区人才应用三方面进行互动，探索更优的人才发现、培养和聚集体制。在加强原有的高等教育的同时，进一步扩大高层次人才培养的规模，并且，重视创意人才的终身培养体系，为优质的创意人才提供完整职业培训和终身进修体系。充分发挥政策杠杆的作用，在世界范围内引进人才为我国的创意城市发展服务。

科技创意能力是制约创意城市产生和发展的主要瓶颈，对于科技创意能力的提升，主要从研发投入和知识产权保护两方面来说。借鉴国际上的先进经验，有关部门须加大对科技研发项目的经费投入，保证创意创新想法能付诸实践。同时加大 R&D 投入，形成完善的城市"研究与开发"体系，一方面，为科研机构提供充足的资金保障；另一方面，也能吸引国际 R&D 机构，为城市的科技创意能力提升给出有益的建议和支持。对于跨国公司的 R&D 应该给予充分重视，认识到此种资源不但可以优化本地的创意环境，还能引进创意人才，不断为科技创意能力提供新的灵感和动力。

拥有发达的创意产业是创意城市繁荣的必要条件之一。提高产业创意能力，须制定合理的产业发展规划。由政府作为后盾，带头成立各种中介机构、服务中心，进行宣传和推广创意理念或产品，为创意产业的形成创造机遇。鼓励有基础、有意愿的企业走出去，在海外市场上进行创意产业的市场开拓，向发达国家学习先进经验，再结合实际情况应用于自身，解决产业创意能力不足的问题。

如上文所提到的，在引进国际 R&D 机构后，不但要向跨国公司学习科技创意，也要学习管理经验和技巧，不断激发管理创意能力的产生，在企业内部形成良性的管理互动体系，提高合作管理的能力，形成高效管理的习惯。每个企业都应该设立专门的管理机构，定期考核企业内部的管理创新能力，不断反思和总结。同时，国家的政策引导必不可少，须对创意企业进行政策扶植，优化管理创意能力，完善知识产权保护机制。在建设创意城市的过程中，必须保证核心资产的法律地位和法律保护措施。首先，要制定一套完整而又全面的知识产权法，做到有法可依；其次，进行舆论宣传，广泛开展知识产权法相关法律知识的培训和讲座，使大众都参与到知识产权维护中来；最后，对服务于知识产权工作的机构和个人给予大力的支持，搭建城市知识产权服务平台，建立服务中心，构建服务网络，同时进一步加强知识产权执法队伍的建设，严惩侵权、盗版等不法行为，为知识的创新和发展提供良好的法律保障，形成良好的管理秩序。

2. 打造城市创意环境

创意环境的打造需要硬、软环境的双重改造，同时也要注意产业环境的改善。创意硬环境的改造就要求我们创建和谐的信息通信环境、服务设施环境。国家和当地政府要加强城市的基础设施建设，尤其是数字信息基础设施，它的完善性直接影响创意城市的建设质量。城市原有的服务功能需要通过基础设施的建设来满足，围绕创意人才的需求进行基础设施和公共设施的建设，打造宜居的工作和生活环境，最大限度地发挥城市服务功能的便利性、实用性。

　　创意软环境主要体现在国家的政策环境上，国家应该为创意城市提供宽松的宏观政策和方向性的政策指导。第一，城市发展路径的选择方面。选择合适的发展路径，把客观规律和主观能动性充分结合，总结出符合本地情况的发展模式，充分利用当地的人才资源、自然资源和社会资源，将地方文化凝聚力、产业创新力和政策渗透力相结合，把城市的可居性、可投资性、可游览性摆在同等重要的地位。第二，政策选择的指导思想方面。政府已经足够重视发展创意经济、打造创意城市，但是在指导思想方面还需要进一步完善。发展创意经济不仅是一个经济问题，更是一个社会问题和人文问题。政府除了必要的规划布局之外，应更关注创意经济带来的"非经济问题"。在非经济政策方面优化、细化，把创意活动看成是全社会参与的一项事业，它涉及资源、环境、文化等方方面面，对于人类生存环境改造、生活质量提高有重大作用，能够在合理的指导思想的引导下，促进人的全面发展。第三，在政策的实施操作方面。应该把握经济转型的大背景，我国正由生产型向消费型、休闲型转变，人们对于创意产品的需求会不断增加，一方面务必要抓住转型契机，大力发展创意产业，提供丰富多彩的创意产品，走出一条由创意产业推动城市发展的道路，目前看来，这种尝试还是比较成功的；另一方面，创意城市不仅仅是由生产推动的，还要挖掘城市的特质，与历史文化、城市遗产、旅游相结合，通过文化元素的创意组合，来提高城市的可持续发展的能力。城市的建设与发展应有效地激发、提升和融合人的创意能力的发挥，满足人的全面发展的要求。同时，创意城市的建设应该是渗透在人们的日常活动中。决策者往往关注城市一级的文化、创意基础设施建设，但对于创意经济的可持续来讲，社区级的设施关联是更加至关重要的。在社区，要有组织机构来把已有的创意动力凝聚起来。提高城市创意能力是打造创意城市的所有环节的关键所在。创意人才将自身的创意输出，输出的科技文化成果转化成经济成果，继而创造经济效应，最终推动经济的发展。这一系列的过程都需要有优质的创意能力。

3. 激发城市创意活力

创意活力是城市天然的力量源泉，是创意城市能否持续繁荣的重心所在。对于一个城市而言，城市的创意活力，是一个城市的生命力。提高城市的经济活力，要求提高整体的经济竞争力、适应力及吸引力。政府和当地企业要使当地经济发展具有独特性和不可替代性，保证经济的平稳运行；为民众提供充足的就业机会，改善就业环境；提高人民的生活质量和水平；改善城市生活环境、旅游环境，吸引更多的企业家、创业者、投资者和游客进入。

保持社会的活力其实就是保持全社会的凝聚力，创造兼容并包的社会环境，加大社会不同群体、不同阶层之间的互动，稳定民族和地区之间的关系，对于不同的生活习惯、宗教信仰秉持宽容的态度，使生活在其中的市民具有城市荣誉感和归属感。

重视城市文化的培养，营造独特的都市风格。现代城市建设呈现出三种明显的倾向性，即高度关注生态、高度关注人和高度关注文化。关注文化其实质是注重城市历史文化底蕴的挖掘和人的潜能的开发，将当代先进技术和历史文化相结合，打造高品位的文化追求，注重文化带来的精神体验。学术界广泛认为，地区的文化氛围对经济、政治的影响是极为巨大的，尤其是对当地人才的发展影响深远。因此，培养本地的文化精神，宣扬勇于创新、乐于创业、不畏困难的理念有助于文化活力的提升。在文化活跃的大背景下，人们的创意潜力被充分开发，创新想法不断萌发，为技术创新提供了源源不断的动力。

五　本章小结

本章主要从创意人才和创意城市两个视角考察了上海市创意经济发展状况。上海在创意人才和创意城市建设方面取得了重要成绩，但是也面临着一系列问题和挑战。这也在一定程度上反映了创意经济对上海经济增长的重要作用。创意人才是驱动力，创意经济是途径，建设世界一流创意城市是目标。

上海打造世界创意人才高地和构建世界一流城市，应当采取推动文化创意人才发展的具体措施，制定创意城市发展的相关战略规划。要根据课题组所总结分析的相关问题，规范人才评价标准，构建系统科学的人才认定机制；重视人才培养体系建设，加强后续培训力度；改善人才居住环境，创新户籍政策；加大知识产权保护力度，完善知识产权公共服务；进一步加强创新创业扶持，进一步破解归国文化创意人才体制内就业发展的关键瓶颈，积极发挥其创新能力和动力。

参考文献

昆兹曼、唐艳，2013，《创意城市实践：欧洲和亚洲的视角》，清华大学出版社。

林剑、李钟斌，2012，《创意人才研究述评》，《经济问题探索》第10期。

季丹，2013，《上海文化创意产业人才策略研究》，《科学发展》第2期。

领英（LinkedIn），2016，《上海市科创中心人才报告》。

林存文、吕庆华，2016，《中国创意城市发展水平CATG评价模型及其实证》，《经济地理》第3期。

第六章 发达国家创意经济发展经验

一 引言

2014年，上海市文化创意产业增加值占全市GDP比重达12%，提前一年完成"十二五"规划目标。上海文化创意产业发展呈现出结构不断优化，新兴文化产业增长快、占比大、文化产业相关产品生产持续增长的特征。2015年和2016年创意产业对上海市经济增长贡献度不断提升，作为引领和支撑上海新一轮发展的支柱产业，正逐步成为上海市经济增长的新动力。然而，上海文化创意产业发展存在市场化程度相对不高、投融资体系和要素市场有待完善、高端创意人才和复合型人才相对短缺、产业整体配套有待提升等问题，难以满足产业持续快速发展的需要。

从全球视角来看，文化创意产业已经进入到一个快速发展时期。文化创意产业及所带动的相关产业已成为推动经济增长的重要力量。目前国际上发展相对成熟的文化创意产业主要分布在英国伦敦、美国纽约、法国巴黎、日本东京等国际大都市。总结国外文化创意产业发展和集聚区的模式和特点，有助于为上海市文化创意产业发展提供国际经验，为打造国际一流创意城市建设注入新动力。根据世界文化创意产业发展的具体情况，本章主要选取世界文化创意产业的第一大国美国、文化创意产业发展历史悠久和异常成功的英国，以及与我国毗邻且在某些产业已经迈入世界文化创意产业强国的韩国作为代表性国家，以介绍其文化创意经济发展过程中的经验和特征。

本章余下内容安排如下：第二部分介绍当前世界创意经济发展的模式、特点和趋势，第三部分分别介绍美国、英国、法国、韩国等代表性国家文化创意产业的发展经验，第四部分总结本章内容。

二 世界创意经济发展现状与特点

（一）世界文化创意经济发展现状

据联合国教科文组织的统计，2002~2011年创意商品和服务贸易总额增长了近一倍，其中2011年的贸易总额达到6240亿美元。据PricewarterhouseCoppers（PwC）发布的《Globalentertainmentandmediaoutlook 2014~2018》显示，全球文化内容产业的市场规模已达1.7745万亿美元，同比增长4.9%，预计到2018年，年均增长率有望达到5%，届时市场规模可达2.27万亿美元。纵观区域分布，北美地区为6194亿美元，占比35%；欧洲、中东、非洲地区为5799亿美元（33%）；亚洲地区为4767亿美元（27%）；中南美地区为983亿美元（5%）。预计今后5年内，亚洲与中南美地区的增长速度将远超其他地区。表6-1描述了全球一些国家的文化内容市场的规模及展望情况，可以发现当前全球排名第一的国家是美国，排名第二的是日本，排名第3~10位分别是中国、德国、英国、法国、韩国、加拿大、巴西和澳大利亚。根据展望，可以发现中国的全球占有率将会越来越大，这充分说明中国的文化创意经济发展在世界上受到重视和被看好。但也必须看到中国和美国、日本、英国等一系列文化创意发达国家还存在显著差别，有很大的距离需要追赶。

表6-1 各国文化内容市场的规模及展望

单位：百万美元，%

国家		2011	2012	2013	2014	2015	2016	2017	2018
美国	规模	522946	549061	572874	598544	626161	658664	689398	723733
	占有率	32.4	32.5	32.3	32.1	31.9	31.9	31.9	31.9
日本	规模	162492	167680	168862	170282	171504	172681	173593	174690
	占有率	10.1	9.9	9.5	9.1	8.7	8.4	8.0	7.7
中国	规模	102210	114530	130934	147377	165265	182497	200322	219412
	占有率	6.3	6.8	7.4	7.9	8.4	8.8	9.3	9.7
德国	规模	107955	110269	112833	115257	117479	119776	121772	123893
	占有率	6.7	6.5	6.4	6.2	6.0	5.8	5.6	5.5
英国	规模	85393	87756	90514	93491	96498	99559	102547	105348
	占有率	5.3	5.2	5.1	5.0	4.9	4.8	4.7	4.6
法国	规模	72441	73758	75880	78370	80857	83363	85733	88230
	占有率	4.5	4.4	4.3	4.2	4.1	4.0	4.0	3.9
韩国	规模	43381	45839	49225	51835	54296	56563	58623	60460
	占有率	2.7	2.7	2.8	2.8	2.8	2.7	2.7	2.7
加拿大	规模	42770	44545	46626	48783	51206	53875	56642	59397
	占有率	2.7	2.6	2.6	2.6	2.6	2.6	2.6	2.6
巴西	规模	34751	38791	42186	46853	51528	57136	62722	68810
	占有率	2.2	2.3	2.4	2.5	2.6	2.8	2.9	3.0
澳大利亚	规模	35609	35513	36883	38183	39391	40721	42035	43366
	占有率	2.2	2.1	2.1	2.0	2.0	2.0	1.9	1.9
俄罗斯	规模	22307	25012	27701	30833	34100	37331	40665	44307
	占有率	1.4	1.5	1.6	1.7	1.7	1.8	1.9	2.0
西班牙	规模	28083	26762	25863	25957	26630	27498	28553	29811
	占有率	1.7	1.6	1.5	1.4	1.4	1.3	1.3	1.3
印度	规模	18657	20920	23274	26388	29705	33091	36550	40273
	占有率	1.2	1.2	1.3	1.4	1.5	1.6	1.7	1.8

资料来源：摘自《韩国投资文化机会：文化内容（2015）》。

（二）国际文化创意产业发展的特点

现代西方文化创意产业发展大致经历了三个阶段：起步阶段、发展成熟阶段和繁荣阶段。起步阶段是指文化研究开始兴起，在这个阶段里构建了文化产业理论体系的基本框架与结构，但是将文化作为产业的实践还是相对滞后。发展成熟阶段表现在各国文化管理机制逐步形成和完善，文化法治建设完备，文化创意产业效益凸显。繁荣阶段是指自20世纪90年代至今，这段时间里文化产业进入全面繁荣的态势，文化产业的发展呈现出行业协作加强、分工更为精细、管理模式不断优化、规模化集团程度更高。在这个背景下，世界各国文化产业发展呈现出各自的特点。

在美国，文化创意产业往往被称之为版权产业或娱乐产业，即认为文化产业是以知识产权为核心，向公众提供精神产品的生产和服务。美国完善的立法和有力的执法给版权产业发展提供了广阔的发展空间。

英国文化创意产业的特色是英国政府对文化创意产业奉行"一臂之距"的政策，即英国政府对文化产业的管理不是依靠行政手段，而主要是通过政策引导和经济调控达到管理目标。

法国文化产业发展较为传统，在文化发展方面不太依赖市场作用，而是更相信国家的扶持。其特色的文化产业政策主要表现在：设立文化产业信贷，将一些重要的文化产业门类除增加政府贷款和拨款资助外，还运用文化产业信贷的方式鼓励银行和财政机构投资；建立文化合同制，除对地方重点文物机构给予经常性的财力支援外，还通过协议和合同形式对地方重要文化建设项目予以投资。

出版业和会展业是德国文化创意产业的特色和亮点。德国出版业的发展首先得益于政府在税收和立法上的支持，比如德国对图书实行维持零售价格政策。各种展会的发展带动了整个会展产业链的发展。

电影业是印度文化创意产业的特色。印度电影最大的基地是孟买,特别是宝莱坞出品的电影,深深烙上印度风格,促进了印度电影在国际上的推广。

如上国家各有特色,但也具有一定的共性,即各国文化创意产业的发展一方面是基于技术进步和经济全球化的发展,另一方面又离不开各国各具特色的文化创意产业政策。总结和借鉴文化创意强国经验,对上海文化创意产业的发展具有重要意义。

三 发达国家创意经济发展经验

(一)美国

1. 美国文化创意产业现状

美国是世界上文化产业最为发达的国家之一。在美国,文化创意产业被称之为版权业,是指以版权为核心,通过工业化和商业化方式进行的文化产品和文化服务的生产、交换和传播的产业(熊澄宇,2012)。2016年12月6日,美国国际知识产权联盟[①](International

---

① IIPA 是美国版权产业的一个非政府组织,代表了几乎所有美国文化创意重要领域,IIPA 成立的宗旨是为改善版权保护和提供在海外市场的公正和公平的市场准入,IIPA 的这些努力已经大大影响和改善了世界各地的版权法律和执法。该联盟由7个协会成员组成:美国出版商协会(Association of American Publishers, AAP)、商用软件联盟(Business Software Alliance, BSA)、娱乐软件协会(Entertainment Software Association, ESA)、独立电影电视联盟(Independent Film & Television Alliance, IFTA)、美国电影协会(Motion Picture Association of America, MPAA)、全国音乐出版商协会(National Music Publishers' Association, NMPA)、美国录音产业协会(Recording Industry Association of America, RIAA)。

Intellectual Property Alliance,简称"IIPA")发布了《美国经济中的版权产业:2016年度报告》(Copy right Industries in the U.S. Economy: The 2016 Report,以下简称《报告》),该报告以翔实的数据反映了美国版权产业发展的最新情况。美国全部版权业主要包括核心版权产业、部分版权产业、交叉产权产业和版权相关产业四部分,具体如表6-2所示。

表6-2 美国版权产业详细定义

版权名称	定义	包含内容
核心版权产业	主要是创作、生产、传播和展览版权内容的产业	主要包括图书、报纸、期刊、电影、电视剧、音乐、广播和电视广播,及所有格式的软件,包括视频游戏
部分版权产业	在某些行业中只有某些方面或产品的一部分创造出适用于版权保护的内容	包括从服装、纺织品、珠宝到玩具和游戏等众多产业
交叉版权产业	是指生产、制造和销售,促进创造、生产或使用受版权保护的作品的设备的产业	包括CD播放器、电视机、录像机、个人电脑和使用相关产品的制造商、批发和零售商
版权相关产业	非专门支持版权的产业,包括那些既销售有版权商品又销售无版权产品的行业	包括运输服务、电信和批发及零售贸易等产业

注:根据《美国经济中的版权产业:2016年度报告》整理。

《报告》对美国版权产业的研究范围的主要依据是北美产业分类体系(NAICS),以及世界知识产权组织(WIPO)在2003年提出的"衡量国内版权产业对国内经济的影响的经济发展和统计标准"。美国全部版权产业是美国经济支柱产业,其为美国经济贡献了近2.1万亿美元的增加值。其中,核心版权产业增加值高达12356亿美元,部分版权产业增加值有380亿美元,交叉版权产业增加值为4070亿美元,版权相关产业增加值有4166亿美元。全部版权产业增加值占GDP的比重超过10%,且有持续增长的趋势。表6-3描述了2012~

2015年核心版权产业和全部版权产业对美国GDP的贡献度，可以发现全部版权产业中核心版权产业占有绝对地位。全部版权产业对GDP的贡献度逐年增加，2012的贡献度为11.34%，而到了2015年上升到11.69%，上升了0.35个百分点。鉴于美国巨大的经济体量，全部版权产业的增加值绝对值增加较大，约2600亿美元。

表6-3 2012~2015年美国版权产业对经济的贡献度

名称	2012	2013	2014	2015
核心版权产业（亿美元）	10637	11121	11664	12356
全部版权产业（亿美元）	18328	19057	19895	20972
美国GDP（亿美元）	161553	166632	173481	179470
核心产业贡献度（%）	6.58	6.67	6.72	6.88
全部产业贡献度（%）	11.34	11.44	11.47	11.69

资料来源：《美国经济中心版权产业：2016年度报告》。

《报告》还比较了美国版权产业和其他行业对美国GDP的贡献度，比如建筑行业、健康与社会保障行业、金融和保险行业的增加值等。结果显示，美国全部版权产业的增加值远超过金融和保险行业，全部版权产业无可争议的是美国第一大行业。与第一行业相匹配的是，美国全部版权产业也是美国吸纳就业的重要行业。美国核心版权产业对美国的就业贡献率近4%，以全部版权产业来计，则将近8%。结合增加值来看，核心版权产业对美国而言，用近4%的就业人口贡献了近7%的GDP。显而易见，版权产业是高附加值的高端产业。

2. 美国文化创意产业发展的阶段

根据美国文化创意产业发展的特征以及综合相关研究，可以把美国文化创意发展分为萌芽期（1920年代至二战前）、初步发展（二战后至冷战结束）、快速发展（冷战结束至今）三个阶段。或者把第三个阶段再分为快速发展（冷战结束至1990年代）和集群化发展（2000年代至今）两个阶段。如下我们具体剖析这三个发展阶段的历程和特点。

（1）第一阶段：萌芽阶段

文化创意产业的发展与经济发展水平和经济结构密切相关。20世纪20年代科学技术不断进步，无线电和放映机等新技术不断发展和成熟，推动了美国广播业和电影业的萌芽发展，而这恰恰是文化创意产业的重要内容。1920年11月美国第一家广播电台KDKA正式成立，广播电台成为继报纸之后传播最为迅速、影响力最大的新闻传播媒介。据统计，美国国内电台数从1922年1月的30座增加到1923年3月的556座。收音机数目也从1921年的5万台猛增到1922年的60万台以上。与此同时，电影成为20世纪20年代美国人重要的娱乐活动，特别是有声电影技术的发展吸引广大美国人们走入电影院观看电影。巨大的市场需求反过来推动了电影市场的发展，好莱坞电影业迈出坚实的一步，也迎来了经济危机之后辉煌的十年发展期。电视显像管技术的进步推动了美国电视业的发展，使电视业成为20世纪20年代文化创意产业重要的内容之一。

通过对美国文化创意产业萌芽期的总结，可以发现其发展呈现如下基本特征。首先，在萌芽发展期，产品市场主要局限于国内。广播电台、电影和电视业的形成和发展基本上是一种自发和独立的状态。其次，这一阶段发展的推动力是科学技术的进步，没有无线电、显像管等技术的进展和成熟，这一时期的文化创意产业发展则会大打折扣。再次，美国文化创意产业的发展恰恰根植于美国经济发展和经济结构变迁之中。第二次技术革命之后，美国产业结构开始发生重大变化，从农业国转化为一个典型的工业国。工业经济的发展，则不断引申出产品之外的需求或者文化创意产业和工业品密切结合的产品，比如电视和电影等。

(2) 第二阶段：初步发展

第三次技术革命是美国文化创意产业初步发展的核心推动因素。二战之后计算机技术、通信卫星等技术的发展和进步促进了传播媒介的新革命，也为美国文化创意产业发展提供了新的传播媒介。这一时期美国文化创意产业世界领先，特别是电视业的发展深入到美国的政治、经济和人们生活当中。比如，美国总统竞选可以通过电视宣传、辩论等。到20世纪50年代末，美国86%以上的家庭拥有电视机。1962年，美国发射了世界上第一颗用来传输电视节目信号的通信卫星，使美国电视节目迈出国门走向世界各地。此外，版权概念在这一阶段开始受到重视。

这一阶段美国文化创意产业蓬勃发展的原因可以概括为如下三点。一是，信息技术的革命性进步进一步推动了文化创意产业的发展。比如计算机技术、通信卫星等是这一阶段文化创意蓬勃发展的一个重要前提。二是，在冷战格局的政治背景下，政府政治宣传间接推动了美国文化创意产业的发展。在这一阶段内，美国成立专门的宣传机构——新闻署（USIA）负责对外宣传。三是，美国经济结构调整处于大变革时期，新自由主义推动了文化创意产业的发展。在冷战期间，美国经历了石油危机、滞涨的挑战，经济自由主义盛行。其间，美国重视市场经济、强调自由贸易、减少政府干预的新自由主义经济政策促进了美国文化产业的繁荣发展。

(3) 第三阶段：快速集群化发展

冷战结束之后，美国文化创意产业进入快速集群化发展阶段。这一阶段以互联网高速发展为基本特点，不断渗透到美国民众的日常生活当中。信息技术的发展甚至颠覆了传统文化创意产业的发展模式，比如电子阅读的崛起冲击了传统传媒。2015年美国发行量最大的报纸《今日美国》表示，大约五年内报纸将会停止发行印刷，转为纯互联网新闻媒体。随着传播媒介的变化，版权业的内容和界定形式也发生了重要变化，这些都是文化创意产业在新的发展阶段所呈现出来的新特征，即传统经济模式转化为数字经济。内容收费、网上广告和投资商务网站等，成为当前主要模式。Facebook和Twitter等在信息技术发展基础上成长和发展起来的社交网络企业，是文化创意产业新的业态的典型表现。根据文化创意产业的基本定义和分类，以互联网、信息技术以及当前所呈现出的新技术为基础所发展起来的新业态和新模式都可以归类或者部分归类到文化创意产业的发展当中。

这一时期的美国文化创意产业呈现出全球化特征，比如美国电影产业和软件业在世界上占据重要位置。冷战结束之后，全球经济一体化进程加快是主要推动力。国家间的政治和意识形态的竞争转化为经济和科技的竞争，竞争的结果是文化创意产业发展大放异彩。这一时段文化创意产业发展速度的迅猛离不开科学技术的进步。专栏6–1简述了美国互联网社交企业发展的状况。

专栏6–1　美国社交网络代表性企业：脸书（Facebook）和推特（Twitter）

脸书（Facebook）是一家位于美国加州圣马特奥县门洛帕克市的在线社交网络服务网站，致力于向人们提供分享平台，让世界更开放，联系更紧密。Facebook是在2004年2月由扎克伯格与他的哈佛大学室友们所创立，会员最初只限于哈佛学生加入，但后来逐渐扩展到其他在波士顿区域的同学也能使用，包括一些常春藤名校等；接着逐渐支持让其他大学和高中学生加入，并在最后开放给任何13岁或以上的人使用。目前，Facebook 内已有超过十几亿个活跃用户。收入来源主要为广告业务、用户付费业务、付费推广帖子等。截至 2017 年 4 月，Facebook 的市值超过 4000 亿美元。

推特（Twitter）是一个社交网络和微博客服务，它可以让用户更新不超过 140 个字符的消息。这个服务是由杰克·多西在 2006 年 3 月创办并在当年 7 月启动的。Twitter 风行于全世界多个国家，是互联网上访问量最大的十个网站之一。公司总部设立在美国旧金山，其部分办公室及服务器位于纽约。在经历过近十年的发展后，Twitter 已成为现今全球新闻、娱乐和评论的重要来源，但也开始面临诸多经营困境，包括用户成长趋于停滞、广告销售疲软等。与脸书相比，推特的发展不甚理想。截至 2017 年 4 月，推特的市值仅略高于 100 亿美元。推特和脸书的发展历程说明了科技进步对文化创意产业的积极影响，也反映出文化创意产业受多重维度的影响，比如市场需求等。

资料来源：维基百科。

3. 美国文化创意产业管理政策

美国文化创意产业发展呈现出鲜明的特点，主要表现在多元性方面，这离不开美国文化创意产业相关的政策。具体地可以概述如下三个方面。

（1）法治精神下的自我发展

美国文化政策的制定比较特殊，至今没有一个专门的正式的官方文化政策文件。这主要是由美国自身的政治体制和法治条件决定的。美国宪法明确规定和保障了美国民众的言论和出版自由，这一方面使文化政策的具体制定较为"艰难"，另一方面又没有把文化创意产业作为特定的产业，而是作为社会、科技和经济等发展的必然产物。美国文化创意产业政策制定的这一特征，被称之为文化政策的无为而治。

(2) 宏观视角下的文化创意产业政策

虽然美国没有明确的微观机制下的文化政策,但在宏观视角下,美国对其文化创意产业有着较为明确的引导,即向世界推行美国式的价值观念。这主要表现在对内政策和对外政策两个方面。对内政策上,主要通过增加对文化事业的投入、鼓励各种非政府组织投资文化事业,促进文化产业竞争,防止垄断,以维护主流价值观念,塑造民族文化身份和保护文化产业竞争力。对外政策上,通过开展文化外交和推进文化产品自由贸易进程等来提升美国形象,促进双边理解和防止冲突。

(3) 美国文化产业的政府管理体制

整体上美国对文化创意产业采用法治框架下无为的管理策略,但是各州政府往往也会采用一些政策措施引导和促进文化创意产业的发展。一是,提供宽松的外部环境以把文化艺术活动放置于市场经济和民间社会中成长。二是,对非营利性文化艺术团体予以政府拨款。三是,通过税收政策鼓励私人和企业等对非营利性文化机构进行捐赠。据统计,美国 2/3 的非营利性文化机构是通过国家对企业和个人向文化机构捐赠减免税而获得资助的。四是,通过与文化创意产业发展有着密切相关的法律文件规范和引导美国文化创意的发展,比如《专利法》、《商标法》、《版权法》和《反不正当竞争法》等。

(二) 英国

1. 英国文化创意产业发展现状

英国是较早把创意经济作为经济发展战略的国家之一。1992 年,英国政府将原先分散隶属于艺术和图书馆部、环境部、贸工部、就业部、内政部、科教部 6 个部门的文化职责集于一部,成立了国家文化遗产部。1997 年,英国政府将国家文化遗产部更名为文化、传媒和体育部，内设"创意产业工作组"，下设"创意产业出口"、"设计合作"、"文化遗产与旅游"和"表演艺术国际发展组织"4个机构。

2014年英国创意产业总增加值达841亿英镑，占英国经济总增加值的5.2%，而英国政府开始重视创意产业时（1997年），创意产业增加值仅占国民经济增加值的3.9%。相比于2013年，创意产业增速达8.9%，远高于英国国民经济4.6%的增速。表6-4描述了英国创意产业增加值的情况。

根据表6-4，可以发现创意产业在英国国民经济中占据重要地位，而且对国民经济的贡献度逐年增加。具体到创意经济的产业部门，IT、软件与计算机服务占英国创意产业增加值的比重最大，其次是广告和市场营销。

表6-4 2008~2014年英国创意产业增加值

单位：百万英镑，%

部门	2008	2009	2010	2011	2012	2013	2014
广告与市场营销	8347	6967	6840	8128	9268	11946	13250
建筑	3565	3205	2638	3235	3480	3718	4326
手工艺品	195	218	268	264	248	135	288
设计：产品、图形和时装	1856	1886	2049	2504	2502	2775	3235
电影、电视、录像、广播、摄影	8222	6296	7973	9987	9792	9500	10807
IT、软件与计算机服务	26018	26403	26991	27672	30713	34055	36578
出版	9255	8968	9580	9286	9504	9902	10180
音乐、表演和视觉艺术	3740	3779	3434	4184	4492	5163	5444
创意产业增加值总计	61145	57618	59753	65180	69849	77187	84067
英国经济增加值总额	1369505	1348507	1397744	1443281	1485776	1546914	1618346
创意产业占比	4.46	4.27	4.27	4.52	4.70	4.99	5.19

数据来源：英国国家统计局，ONSAnnualBusinessSurvey。

英国创意产业对其就业具有重要的推动作用，2015年英国创意产业提供了约190万的就业岗位，比2014年增加了3.2个百分点，比2011年增加了19.5个百分点。2015年英国共约有200万个就业机会，比2014年增加4.9个百分点，比2011年增加19.2个百分点。相对于全英国而言，2015年劳动就业比2014年仅增加2个百分点，比2011年增加6.3个百分点。这充分说明了创意产业对英国劳动就业的重要推动作用。表6-5描述了英国近几年创意产业部门劳动就业的情况。显然，音乐表演和视觉艺术是近5年来增加劳动就业人数最多的部门。一个显著的特点是，就IT、软件与计算机服务部门对英国经济的贡献度来看，其2015年提供的劳动就业岗位与2011年相比却下降了5.2个百分点，这恰恰说明了IT相关产业的独有特征。建筑、手工艺品和出版部门的就业增加人数也呈现不同程度的下降。

表6-5 2011~2015年英国创意产业部门劳动就业增加人数

单位：人，%

部门	2011	2012	2013	2014	2015	相比2014	相比2011
广告与市场营销	148000	144000	155000	167000	182000	9.0	23.0
建筑	94000	89000	94000	101000	90000	-10.9	-4.3
手工艺品	9000	7000	8000	8000	7000	-12.5	-22.2
设计：产品、图形和时装	102000	117000	124000	136000	132000	-2.9	29.4
电影、电视、录像、广播、摄影	211000	240000	232000	228000	231000	1.3	9.5
IT、软件与计算机服务	211000	223000	198000	193000	200000	3.6	-5.2
出版	211000	223000	198000	193000	200000	3.6	-5.2
音乐、表演和视觉艺术	213000	227000	244000	284000	286000	0.7	34.3
总增加人数	1562000	1691000	1713000	1808000	1866000	3.2	19.5

2014年英国创意产业出口值是198亿英镑，比2013年增加了10.9个百分点。2014年的创意产业服务出口占整个英国服务出口的9%。2015年创意产业各部门中，IT、软件和计算机服务占创意产业

出口的比重最大，约有34.3%。音乐、表演和视觉艺术的出口居于第二位，约占15.33%。广告和市场营销出口的增幅最大，2015年比2014年的出口额增加了9.6%。表6-6给出了英国创意产业各部门服务出口的具体情况。

表6-6 英国创意产业部门服务出口情况：2011~2015

单位：万英镑，%

部门	2011	2012	2013	2014	2015	相比2014	相比2011
广告与市场营销	148000	144000	155000	167000	182000	9.6	23.0
建筑	94000	89000	94000	101000	90000	-11.2	-4.5
手工艺品	9000	7000	8000	8000	7000	-15.5	-26.1
设计：产品、图形和时装	102000	117000	124000	136000	132000	-2.9	29.6
电影、电视、录像、广播、摄影	102000	117000	124000	136000	132000	-2.9	29.6
IT、软件与计算机服务	483000	558000	574000	607000	640000	5.5	32.5
出版	211000	223000	198000	193000	200000	3.7	-5.0
音乐、表演和视觉艺术	213000	227000	244000	284000	286000	0.7	34.2
总额	1562000	1691000	1713000	1808000	1866000	3.2	19.5

2. 英国文化创意产业发展原因探析

英国文化创意产业的发展原因既有现代信息技术的进步、经济全球化一体化、英国经济结构的变化和调整，也有英国政府的内部推动。在这些因素的共同作用下，英国文化创意产业取得了巨大的成就。

（1）经济结构变迁

英国是传统工业强国，随着经济转型和产业转移等，曾经是世界一流的制造业大国的英国，其制造业渐渐失去优势。英国的经济曾一度不景气，主要表现为高通货膨胀和高失业、低增长。这种严重的低落状态引发了英国国内的政局动荡，劳资纠纷四起，有人被迫失业，也有人主动罢工,社会矛盾突出。英国转变经济发展模式势在必行。与此同时,英国政府看到了英国经济结构转型的需要以及发展创意产业的优势,才率先积极出台政策、组建机构发展文化创意产业。英国政府是世界上第一个把发展文化创意产业作为其国家战略计划,并设置政府机构,采取一系列措施助其发展的大国。在一定意义上,正是英国政府对文化创意产业的重视和引导,英国才得以成功地由从前没落了的制造业大国发展成为当今创意产业大国,重新站在世界舞台的中心,赢得世界的关注。英国创意产业机构的设立、创意产业政策的制定、创意产业环境的培养,正是我们这样的后发国家所要参考、借鉴和学习的。

(2) 技术进步

与美国创意经济发展类似,技术进步是推动英国文化创意发展的一个重要因素。信息技术的进步,尤其是传播媒介的发展,对英国文化创意产业的发展起到了巨大的推动作用。在20世纪以前,主要的信息传播媒介是由造纸术和印刷术作为支撑的出版业、报业。到20世纪20年代,以无线电广播和电视技术为支撑的广播、电视业发展起来,随后不久,电影、唱片等也随之开始有所起色。20世纪50年代,以计算机、通信卫星、光纤通信、微电子、激光、数码等技术为支撑的互联网、软件应用开发业取得重大进展。毋庸置疑,传播媒体的发展对文化产品的批量化生产和产业化发展起着至关重要的作用。多媒体和电子通信技术的结合,整合了创意内容生产制作、传播交流和销售消费的手段,并且还反过来催生了全新的艺术表达和创意表达形式。因此,科学技术的发展,尤其是信息技术、传媒手段的发展使文化产业的发展获得了科技的支持,推动了文化的产业化。

(3) 经济全球化

经济全球化的发展使全球范围内的人、物、信息的交流特别频繁。旅游业的发展为创意产业推广和出售创意产品与服务提供了广阔的市场。在旅游行程中，游客一般都会选择参观历史文化遗址、历史博物馆、美术展览馆等，游客还会对大部分城市、乡镇的音乐会、舞会、电影院、歌剧院感兴趣，特别是各个旅游点风格各异的文化氛围和历史传统。这些景点会对来自四面八方的游客——尤其是那些标榜为"文化观光客"而不是"大众游客"的游客——产生巨大的吸引力。而英国历史悠久，文化底蕴深厚，这成为吸引全球游客的重要资源，为英国文化创意产业的发展提供了重要历史机遇。

综合技术进步和经济全球化的推进，服务贸易成为可能，特别是文化创意产业的服务贸易。文化产业中广告与市场营销、设计、电影电视、IT软件和计算机服务等都是可贸易对象。在经济全球一体化的推动下，以现代技术为载体，极大地推动了英国文化创意产业的发展。当然，这并不是英国文化创意产业发展独有的专利，但历史因素、政治因素、经济因素等共同作用在一起，恰恰把英国文化创意产业推到了世界发展的前沿。但需要注意的是，英国政府决定退出欧盟，这或许对英国文化创意产生一定的影响。

3. 英国文化创意产业管理政策

根据熊澄宇（2012）的论述，英国文化创意产业管理大体经历了三个阶段：初期形态、逐步建立分级管理的框架、形成独具特色的英国式文化管理体制。初期形态是指一战后至20世纪50年代。一战后，英国政府出于战争的需要，建立起半官方性质的艺术委员会等机构，起到咨询和执行的作用，并无管理职能。二战后英国认识到文化艺术教育对国民团结的重要作用，因此将艺术促进会转化为大不列颠艺术委员会。该委员会是实现政府和文化政策的重要机构，受政府委托向全国的艺术组织、个人及其活动予以捐助。20世纪50年代至80

年代中期是英国文化创意管理的完善期。二战后，英国经济复苏为其完善文化创意管理提供了条件和机遇。一方面，英国正式建立了官方文化管理的机构，加强对文化艺术活动的协调和管理；另一方面，扩大和新建一系列中介文化代理机构实行间接管理，属于非政府管理机构。值得一提的是，英国著名的"一臂之距"文化管理原则就是在这个时期提出的。20世纪80年代末至今是英国特色文化管理体制的成熟期。进入20世纪80年代后英国政府对文化管理有两个突出特点：一是加强对文化的干预，改革政府文化管理机构，合并管理职能和扩大管理范围；二是强调振兴民族文化的政策，加大对严肃艺术的支持力度，完善对文化管理的法律法规，鼓励社会对文化产业的赞助。

英国创意经济的发展离不开英国政府采取的一系列积极政策。受英国政治体制的影响，英国的创意产业管理秉承了保持距离、适度分权、紧松兼备的原则。综合相关研究，英国文化创意产业管理政策，可以总结为如下几个方面。

（1）文化创意产业管理的原则

第一是保持距离的原则，即所谓"一臂之距"的原则。这是英国文化创意产业管理的固有特色，最初的目的是为了防止党派政治干预艺术。第二是适度分权的原则，即权力下放，政府行政主管部门只管文化而不办文化。分权的原则不仅体现在中央政府文化行政主管部门的权力下放，也体现在地方政府不管文化的施政原则上，甚至还体现在非政府公共文化机构的分工和运作上。第三是"专宽"兼备的原则。"专"是指所有的文化事务均由一个专门独立的政府文化主管部门管理，即文化、传媒和体育部。该部门是经过一系列整理合并而成，最早雏形是教育和科学部。1992年英国政府第一次建立专门的文化主管部门——国家遗产部，1997年更名为现在的文化、传媒和体育部。"宽"是指只要涉及文化的事务都由政府文化主管部门管理。

（2）文化创意产业管理的相关措施

首先，成立专门的机构管理文化创意产业。除1997年英国政府成立了文化、传媒和体育部外，英国政府还成立专门的"创意产业特别工作组"，由首相担任工作组主席。工作组还成立了促进创意产业出口咨询委员会，并在2002年分拆为创意产业出口、设计合作、文化遗产与旅游、表演艺术国际发展组织四个部门，由英国文化、传媒和体育部与贸易和投资部的官员出任相关领导。由专门的组织为英国文化创意产业的发展提供了相应的服务，并对其发展做了良好的规范。

其次，制定促进和规范文化创意产业发展的法律和法规。英国政府通过白皮书或法案的形式出台政府发展创意产业的方案或制定保障文化产业发展的措施。比如在1998年的文化创意产业调查报告中提出创意产业的定义，2001年的创意产业报告将英国的文化创意产业划分为13个大类。2005年，英国文化、传媒和体育部提出了发展英国创意产业的战略计划，2008年该计划发展为"创意英国：新经济的新人才"。类似的计划还有《数字英国：最终报告》等。

最后，英国政府鼓励文化创意产业拓宽融资渠道。英国文化创意产业的发展离不开英国文化产业的投融资运作机制，可以概括为如下几个方面。第一，英国政府通过作为中介的非政府的公共机构，负责向政府提供政策咨询，负责文化拨款的具体分配、评估，协助政府实施具体政策等。英国政府对文化创意产业提供的资助资金主要来自于中央财政预算拨款、地方政府预算拨款、政府彩票基金项目等。第二，财税政策是扶持和引导英国文化产业的重要措施。近百年来，英国政府从未对图书、期刊、报纸等征收过任何增值税，当前也对图书、期刊和报纸免征进口税。这些免税政策奠定了英国成为全球出版强国的基础。另一项重要措施是差别税率。为调节文化领域不同行业的收入差距，英国政府对文化产业实行差别税率，特别是对电影等按照不同成本征税。第三，促进中小文化创意企业与资本市场对接。2008年金融危机之后，鉴于创意产业对英国经济发展的重要作用，英国政府相关部门对中小文化创意企业投融资状况进行深入研究，为文化与金融的合作提供实证基础和政策引导。

专栏6-2 英国代表性文化创意企业：BBC和《经济学人》

英国广播公司（BBC）是英国的一家资金主要来自英国国民缴纳的电视牌照费且独立运作的公共媒体，也是世界最大的公共广播公司，长久以来一直被认为是全球最受尊敬的媒体。在相当长的一段时间内，BBC一直垄断着英国的电视、电台。在1955年英国独立电视台成立之前，BBC一直是全英国唯一的电视、电台广播公司。如今BBC除了是一家在全球拥有高知名度的媒体外，还提供其他各种服务，包括书籍出版、报纸期刊、英语教学、交响乐团、互联网新闻服务。

如今英国的每个家庭（除了老人和少数低收入人群，他们的费用由英国文化、传媒和体育部承担）或企业都必须购买一年期的电视执照，以确保BBC有足够的资金"教育、发布通告和娱乐"大众，费用由政府厘定。由于这种特殊的经费来源，BBC没有商业广告；理论上，节目制作人不受任何商业利益驱使，但事实上还是要面对各种压力，例如在政治上，政府可以改变接收执照费来施压，同时他们还必须面对来自其他商业电视台的竞争。多年来，BBC还获得来自英国政府的特别拨款：例如BBC全球服务的部分经费就来自英国外交部。近年来，BBC也通过商业活动赚钱，如出售曾经播出过的节目等。

《经济学人》（TheEconomist）是一份以报道新闻与国际关系为主的英文刊物，每周出版一期，采用杂志专用的光面纸印刷，由伦敦的经济学人报纸有限公司出版。虽然它的发行方式更像是周刊，但是《经济学人》将自己定位为报纸，因此，它每一期除了提供分析与意见外，还报道整周发生的所有重要政经新闻。《经济学人》，1843年9月由詹姆士·威尔逊创办，初创时宗旨为推动自由贸易。该刊以受过高等教育的读者为目标受众，读者群中包含众多拥有巨大影响力的决策者和企业家。《经济学人》的发行人经济学人报纸有限公司是经济学人集团的全资子公司，该集团由英国的吉百利家族、罗斯柴尔德家族、施罗德家族以及意大利的阿涅利家族共同持有。该集团经过170年的发展，现已演变为经济学人集团——拥有多种系列刊物、经济学人智库（EIU）、国际网络联盟（IdeasPeople）、公共关系服务（TVC）、医疗健康解决方案等的跨媒体的国际传媒出版集团。

资料来源：维基百科。

（三）韩国

1. 韩国文化创意产业发展现状

据韩国文化体育观光部发布的《2016内容产业统计调查》显示，以2015年为准，韩国内容产业销售额同比增长5.8%。达100.4863万亿韩元。与同期韩国经济增长率仅为2.6%相比，内容产业销售额增幅相当可观。这也是韩国内容产业销售额首次突破100万亿韩元。细分产业来看，2013年（缺乏2015年数据）出版业达21.0973万亿韩币，占比最大（23.1%）；广播产业为14.1825万亿韩币（15.5%）；广告产业为12.4838万亿韩币（13.6%）；游戏产业为9.7525万亿韩币；知识信息产业为9.5295万亿韩币（10.4%）；动漫形象产业为7.5176万亿韩币（8.2%）；电影产业为4.4048万亿韩币（4.8%）；音乐产业为3.9949万亿韩币（4.6%）；内容解决方案产业为3.0291

万亿韩币（3.5%）；漫画产业为0.7585万亿韩币（0.9%）；动漫产业为0.5210万亿韩币（0.6%）。据调查，就过去5年销售额的年增长率而言，知识信息产业达18.8%，增速最快；其次是游戏产业（14.2%）、内容解决方案产业（12.9%）、音乐产业（11.5%）、电影产业（11.0%）；而出版产业的销售额增长为负数。

2. 韩国文化创意产业发展阶段

韩国政治体制对其文化创意管理机构的设置有显著影响，其中韩国文化产业发展过程中的一个重要标志是文化产业局的成立。随着市场的不断变化，其文化产业局的管理体系也在不断调整以适应各种挑战和变化。根据韩国文化创意产业发展历程和相关特征，可以把韩国文化创意产业发展分为四个阶段：1986～1998年阶段、1998～2003年阶段、2003～2008年阶段、2008年至今阶段。

1986～1998年阶段。这一阶段以韩国政府在1986年提出文化的发展和国家的发展同步化战略为开始标志，奠定了文化立国的战略基础；随后在1990年颁布《文化发展十年规划》，提出文化要面向全体国民的政策理念。1993年韩国政府出台的文化繁荣五年计划将文化产业的开发作为重要目标。这一阶段的高峰是韩国文化体育观光部设立文化产业政策局，制定和推行相关法律体系、文化政策等，进一步强调文化产业对经济发展的重要性。这一举措，使韩国成为继日本之后以文化立国的第二个亚洲国家。

1998～2003年阶段。这段时间是金大中当政时期。1998年韩国政府正式提出文化立国方针，最终目标是把韩国建设成为21世纪文化大国和知识经济强国。1999年，韩国政府先后制订了有关文化产业的综合性法规《文化产业振兴基本法》，以及一系列相关法规。2000年，韩国成立了文化产业振兴委员会，2001年成立了文化产业振兴研究院。这些机构的设置支持和推动了韩国文化创意产业的发展。在这段时间内,韩国政府特别重视创意人才的培养,2000~2005年先后投入2000多亿韩元培养复合型人才,特别是电影、卡通、游戏等产业的高端人才。此外,韩国政府还通过政府预算拨款、投资组合、专项组合、专项基金等方式融资文化产业,设立文艺振兴基金等一系列基金。

2003~2008年阶段。随着韩国文化创意产业的发展,韩国政府意识到把韩国文化创意产业拓展到国际市场的必要性。韩国政府认为要以中国和日本作为开启世界市场的台阶。一方面,韩国政府坚持文化立国战略方针不动摇,继续执行和制定保护和促进文化创意产业发展的方针政策;另一方面,采取对高端创意产业人才免除兵役、文化创意产业公司减免税收和给予相关补贴等一系列微观措施。为支持韩国文化创意产业的发展,韩国政府还规定了电视台国产动画片播放的时间比例,设立国务总理奖等奖项激励文化创意产业发展。

2008年至今阶段。这一阶段,韩国文化创意产业发展的一个重要标志是韩剧在亚洲的流行。2010年,韩国设立文化综合性组织委员会,进一步支持其文化创意产业的发展。在这段时间内,韩国文化创意产业迅速崛起,成为继汽车之后为韩国赚取外汇最多的第二产业,从而使韩国成为文化创意强国。韩国还组建了韩国游戏支持中心,向韩国游戏产业提供从资金到技术等多方面的支持,成立游戏投资联盟,设立信息化基金和文化产业基金,对相关文化创意产业实施各种优惠政策等。在这一系列措施下,韩国已经是世界文化创意强国。

专栏6-3 韩国文化创意产业代表:韩剧

韩剧是韩国电视剧的简称,指韩国拍摄制作的电视剧。20世纪80年代,韩剧开始兴起。1990年,韩国修订《电视法》,允许民营电视台和有线电视台进入电视广播产业。1991年,民营商业电视台

SBS 的成立使韩剧产业形成 KBS、MBC 和 SBS 三足鼎立的商业化运作格局。1997 年，韩剧《爱情是什么》在中国中央电视台的热播，使韩剧开始在中国大陆、中国台湾、日本、斯里兰卡、印度东北部、东南亚地区流行。2000 年开始，韩剧与韩流在世界更大范围流行，进入兴盛期。

韩国电视台一般是向下属的影视制作公司订购电视剧，无须制片人考虑资金筹备和市场销售事宜。因此传统的韩剧制作模式是"PD 合一"，即制片人与导演的职责由一个人来担任，被称为 PD（Producer 和 Director 的首字母组合）。此外，韩剧采取"边写、边拍、边播"的体制。电视剧开拍前一般只需 1/3 的剧本和梗概。电视剧的播放一般也只需 30% 左右的完成片。为追求收视率，剧组人员可根据观众的需求确定剧情的发展和最后的结局。

韩剧体现着韩国东西合璧混合文化的特点，通过挖掘人性之美，褒扬真、善、美，塑造执着、坚忍、充满朝气的人物形象，倡导夫妻恩爱、孝敬父母、诚实守信、珍惜亲情等传统儒家思想。韩剧正面人物多斯文有礼、遵章守纪，即使是热恋的情侣也很少有过火的镜头，可以在任何时段播出，适合全家人一起观看。

韩国电视剧进入中国始于 1993 年，即中韩建交的第二年，但当时并未引起很大反响。直至 1997 年中央电视台重播韩国家庭剧《爱情是什么》引起轰动性效应，带动了韩国娱乐文化涌入中国并以此为契机逐渐形成韩流。同一时期，韩国电视剧成批量地被周边国家引进播出，并在许多地区引发收视热潮，主要观众为年轻人。1999 年，北京记者用"韩流"一词形容这一现象，之后该词被媒体广泛使用，韩国媒体及学界也相继借用"韩流"一词形容本国文化输出的盛况，后来该词又延伸至西方，使英语中增加了新词汇"Hallyu"。

资料来源：维基百科。

3. 韩国文化创意产业发展机制

韩国政府通过积极的文化产业扶持政策和合理的政府文化基金运作，有效地促进的韩国文化创意产业的发展，提升了韩国文化产业在国际上的竞争力。韩国文化创意产业发展的机制可以概括为如下几个方面。

（1）政府文化基金是韩国文化产业发展繁荣的重要推动力

1998年，为加强韩国文化产业的竞争力，韩国政府决定筹资建立"文化产业振兴基金"，配套出台了《文化产业振兴基本法》。韩国文化产业振兴基金主要支持的领域为文化产品开发融资、文化商品流通及设备现代化融资和文化产业专门投资组合，其中前两项为文化创意产业的实业投资，后一项为金融投资。2009年，韩国修订了《文化产业振兴基本法》，新增有关完成保证制度的条款，并于当年9月韩国文化体育观光部、韩国进出口银行、技术保证基金、韩国文化产业振兴院共同签署了《评价完成保证制度及内容的业务协议》，保证了制度完善和规范了文化产业振兴基金，极大地促进了韩国文化创意产业的发展。

（2）社会资本投资丰富和完善的韩国文化产业投融资体系

2000年，韩国政府所设立的文化产业振兴基金开始向文化产业专门投资组合出资，以期作为种子基金吸引民间资本的参与。韩国电影振兴委员会也成立了电影投资专门组合，协同社会资本共同合作投资电影。电影投资专门组合是社会资本与政府资金的合作，一般由风险投资公司建立一个投资于电影的资金池，然后可以向韩国电影振兴委员会和中小企业厅申请不高于50%的权益性注资。韩国的文化产业专门投资组合充分发挥了政府投入的杠杆作用，很好地带动了社会资本大规模投入到文化创意产业当中。

（3）各种金融手段积极资助和扶持韩国文化产业出口

1999年，韩国广播文化交流财团设立影像制品出口支援中心，为每年生产1000部以上出口影像制品提供资金支持。2008年韩国文化产业振兴院与韩国进出口银行、首尔保证保险、技术保证基金共同签署有关《内容制作基金一站式支援制度》的业务协议。2007年底，韩国贸易保险公司为协助制作热销或具有出口可能性的内容制作企业筹措资金，推出了文化出口保险业务。这些措施，有力地推动了韩国文化产业出口，是韩国文化创意产业发展的重要推动力。

四　本章小结

本章介绍了全球文化创意产业发展的现状和发展特征，并详细介绍了美国、英国和韩国三个国家文化创意产业发展的情况。

首先，各国创意经济的发展都是与整个世界经济发展同步的。也就是说，整个世界经济结构转型，由工业化向服务型经济过渡。一方面人们对文化创意产品的需求不断提升，另一方面经济转型过程中各国需要寻找新的经济增长点。本章所分析的美国、英国和韩国莫不如此。

其次，各国文化创意发展离不开科学技术的进步。在大的历史背景下，科学技术进步与文化创意产业的升级是同步的，但是也必须看到一个国家科学技术的进步程度极大地影响文化创意产业的发展。特别是美国，其先进的科学技术创新等也必然支撑美国文化创意产业不仅在量而且在质的方面位居世界前列。

最后，文化创意产业的发展离不开产业政策的支持和引导，也离不开相关法制体系的规范。特别是美国，在一定程度上把文化创意产业和版权业等同。版权的法律法规保障了美国文化创意产业的创新和发展。韩国和英国的发展亦如此。这不仅对上海文化创意产业的发展具有重要的借鉴意义，而且对我国文化创意产业发展具有重要的意义。

参考文献

魏鹏举：《文化产业与经济增长——文化创意的内生价值研究》，经济管理出版社，2012。

熊澄宇：《世界文化产业研究》，清华大学出版社，2012。

胡彬、陈超：《创意产业发展与地域营销——基于城市国际竞争力视角的研究》，上海财经大学出版社，2014。

美国国际知识产权联盟：《美国经济中的版权产业：2016年报告》，http：//iipawebsite.com/。

迈克尔·埃默里等：《美国新闻史》，展江译，中国人民大学出版社，2009。

吴德金：《美国文化产业发展研究》，吉林大学2015年博士论文。

王一凡：《韩国文化创意产业的成功实践及对中国的启示》，《上海商学院学报》2015年第4期。

第七章　促进上海创意经济发展的政策与建议

　　基于对上海创意经济多维度和多层次的考察，如何提出促进上海文化创意产业发展的政策建议是重中之重。本章将结合以上章节的研究分析结论和上海及中国所颁布的政策措施，进一步总结分析，给出上海文化创意产业发展的相关建议。通过对上海市文化创意产业的发展现状和经济增长驱动影响的分析，可以发现上海市正走在创意经济高速发展的道路上。如何继续保持创意经济发展的势头，继续推动上海市经济增长，将其培育成为第三产业中的支柱产业，成为经济增长的新动力，将是上海市经济发展的重要课题之一。本章将从两个角度来论述如何再塑上海市经济增长新动力。一是从宏观政策角度，结合上海市"十三五"发展规划和创意经济三年发展规划，补充和完善相关政策建议。二是针对上海市文化创意经济具体行业提出针对性的意见。

　　本章内容具体安排如下：第一部分总结上海有关部门所颁布的关于文化创意产业方面的政策，第二部分列出上海创意经济发展所面临的重要任务，第三部分介绍上海创意经济发展所需要的重点举措，第四部分给出上海创意经济发展的保障措施，第五部分总结本章。

一 政策总结

表7-1列出了2015~2017年初这段时间内，上海关于创意经济的相关政策。可以发现，上海市人民政府及其相关部门有专门针对上海创意经济发展的相关措施，同时也有专门与中央政策配套的相关政策措施。再向前追溯更早的政策文件，可以发现上海关于文化创意产业发展的政策比较全面。这在很大程度上保障和促进了上海文化创意产业的发展。

表7-1 2015~2017年上海文化创意产业重大政策

时间	名称	发布单位	备注
2017年2月	上海产业转型升级投资基金管理办法	上海市经济和信息化委员会/上海市财政局	
2017年1月	上海创意与设计产业发展"十三五"规划	上海市经济和信息化委员会	沪经信都〔2017〕22号
2015年12月	上海市加快促进服务贸易发展行动计划（2016-2018）	上海市人民政府办公厅	
2015年11月	《关于促进上海电影发展的若干政策》实施细则	上海市文化广播影视管理局	
2015年7月	上海市人民政府关于贯彻《国务院关于加快发展生产性服务业促进产业结构调整升级的指导意见》	上海市人民政府	沪府发〔2015〕27号
2015年5月	关于促进创意设计产业发展财政专项资金实施办法	上海市财政局/上海市文化创意产业推进领导小组办公室	沪财教〔2015〕12号
2015年1月	上海市人民政府关于贯彻《国务院关于推进文化创意和设计服务与相关产业融合发展的若干意见》的实施意见	上海市人民政府	沪府发〔2015〕1号

资料来源：根据公开资料整理。

专栏7-1　2017年度上海市促进文化创意产业发展财政扶持资金项目

2017年是落实"十三五"规划的关键之年，上海文化创意产业将围绕《上海市国民经济和社会发展第十三个五年规划纲要》，落实上海市关于推进文化创意和设计服务与相关产业融合发展、关于加快发展对外文化贸易的实施意见和关于本市发展众创空间推进大众创新创业等指导意见，以融合发展为主线，以园区和众创空间建设为载体，推进公共服务平台和重大文创项目建设，推动文化创意产业健康快速发展，为全市持续推进"创新驱动发展、经济转型升级"提供重要支撑。

根据《上海市促进文化创意产业发展财政扶持资金实施办法》（以下简称《实施办法》），参照《上海市促进创意设计产业发展财政专项资金实施办法》《上海市信息化发展专项资金管理办法》《上海市市级宣传文化专项资金管理办法》《上海市服务业发展引导资金使用和管理办法》，制定了《2017年度上海市促进文化创意产业发展财政扶持资金项目申报指南》。

对该项目简述如下。（1）申报原则：聚焦各类文化创意产业重大、关键和基础性问题，支持范围涉及媒体业、艺术业、工业设计业、建筑设计业、时尚业、网络信息业、软件业、咨询服务业、广告及会展业、休闲娱乐业等重点领域；鼓励文化创意企业和社会资本加大投入，实现社会效益和经济效益相统一，提升企业核心竞争力和国际传播能力，共同推动文化创意产业发展。（2）支持范围：文创资金支持文化创意产业发展中创意设计、文化艺术、信息技术和现代服务四个方向的薄弱环节、关键领域和新兴行业，强化导向管理，全面提质增效。促进文化创意产业的社会化、市场化、规模化和国际化发展，提升本市文化创意产业的竞争力，鼓励"大众创业、万众创新"。(3) 支持方式：文创资金采取贷款贴息、无偿资助等方式安排使用，根据项目的功能定位、服务方式和资金投入总量来确定扶持资金资助额度，部分优秀项目，市文创办还将推荐给相关产业主管部门或金融机构。(4) 重点课题目录（第一批）：国内主要城市文化创意产业发展比较研究，国际时尚之都发展经验借鉴与上海时尚之都建设对策研究，2017年上海市文化创意产业发展报告。

资料来源：根据《2017年度上海市促进文化创意产业发展财政扶持资金项目申报指南》整理。

二 主要任务

《上海市文化创意产业发展三年行动计划2016—2018》明确提出2018年末创意经济产业增加值占GDP比重要超过12.6%，至十三五末期实现13%的目标；形成具有重要影响力的创新、创意、创业中心，有力推动设计之都、时尚之都、品牌之都建设，有力推动联合国创意城市网络的重要节点城市建设，为上海基本建成社会主义现代化国际文化大都市提供强力支撑。上海市文化创意产业对经济增长具有重要影响力，因此进一步明确发展重点，开展分类引导，提升文化创意产业发展质量，服务相关产业转型升级是重中之重。

（一）文化信息传输和软件服务

文化信息传输和软件服务是上海市文化创意产业的龙头行业，也是与技术创新关系密切的行业。加大对云计算、大数据、移动互联网等新一代基础软件的研发及产业化的力度，加强云计算、大数据、物联网等新兴信息技术在创意创新中的融合应用，培养一批领先的行业应用解决方案提供商。加快文化创意设计服务的软件支撑，构建服务化、平台化的新型模式。支持形成基于安全可控基础软件、面向行业应用需求的软硬件一体化解决方案，向重点行业和领域拓展应用，打造生态产业链。支持基于物联网应用的产品质量监控及安全双向追溯系统的建设应用。进一步推动基础软件、行业应用软件、安全软件、信息服务外包等向高端发展，着力创建中国软件名城，加快建设以数字化、网络化、智能化为主要特征的智慧城市。

提升基于互联网的娱乐应用规模，重塑娱乐产业链，鼓励用户娱乐消费习惯的改变。创新平台服务，面向数字互动娱乐、网络视听、网络文学、网络出版、数字音乐等领域，推动建设海量内容加工处理平台、内容发布流通平台、实现高清播放的内容播控平台。丰富内容创作，支持研发原创内容、移动内容、热点内容、高清内容等创新内容产品。建立涵盖产品创意、生产制作、内容传播、技术研发、基础电信服务等各环节的网络视听产业链。充分利用上海作为全国首个国产网络游戏属地管理试点的优势，使上海成为全国乃至国际网络游戏资源的集聚地。建立客户端游戏、移动游戏、单机游戏等多层次市场模式，重点鼓励研发体现中国传统文化特色、具有自主知识产权的网络游戏，支持原创民族网络游戏产品出口。创新金融支付手段与渠道，完善移动支付产业链，推广便民金融服务，提升信息安全与信用保障。建设大规模智慧学习平台，提供互联网教育服务，实现优质教育资源的共享。推动互联网教育内容提供商大力开展教育内容产品开发，支持内容创新。

（二）文化创意和设计服务

按照《中国制造2025》战略要求，在传统制造业、战略性新兴产业、现代服务业等重点领域开展创新设计示范，支持一批具有引领带动效应的设计与产业对接项目，充分发挥工业设计对产业转型升级的驱动能力。加强工业设计战略趋势研究及行业标准研究，加强信息化设计、过程集成设计、复杂过程和系统设计等共性关键技术研发。加强工业设计相关新材料、新技术、新工艺等的研究和应用。推动大数据支持、数字化技术、网络协同设计、3D打印、虚拟现实、交互设计等技术在设计中的运用。开发具有自主知识产权的关键设计工具软件，逐步完善创新设计生态系统，提升服务设计、流程设计能力。推进中国工业设计研究院等重点项目建设，构建全系统数字化设计与制造实验室平台。加快发展快速成型、虚拟制造、逆向工程、检验检测等共享技术支撑平台和设计经纪、专利申请、展示展览、人才培养、产权交易等公共服务平台。推进国家级工业设计中心和市级设计创新示范企业建设，总量达到60家。培育指南、木马、龙域等一批专业化、竞争力强的工业设计企业和品牌，提升行业整体设计创新能力，促进高新技术成果的产业化应用。

围绕城市规划、建筑工程、室内装饰、工程勘察等重点设计领域，大力发展规划咨询、概念设计等产业链价值高端环节业务，借势国家"一带一路"战略实施，以及虹桥商务、临港工业等重点区域开发契机，加快大型国有建筑设计企业的改革创新，着力开拓国际国内高端建筑设计市场，培育具有国际知名度的建筑设计行业领军企业和领军人才。提升环同济建筑设计集聚区发展能级，积极扶持以创意设计为核心的中小建筑设计企业健康成长，努力打造一批优秀的建筑设计行业领军企业和领军人才。注重绿色、历史文化建筑保护等细分设计市场的拓展，鼓励建筑设计与文化艺术业等产业的跨界融合，激发创意设计活力，培育一批具有核心竞争力的"专、精、特、新"建筑设计企业、个人工作室、事务所和品牌，更好地服务全国城市化发展，大力拓展国际市场。推进国际室内建筑师/设计师团体联盟亚洲总部落户上海，推进配套的设计中心和设计创意园项目建设，进一步提升上海建筑设计业的影响力和竞争力。

（三）文化休闲娱乐

借助自贸试验区不断开放、"互联网+"和"众创空间"等发展机遇，全面推进上海市人民政府与中国纺织工业联合会共建上海国际时尚之都合作协议的落实，推进国家级时尚产业基地"中国纺织服装品牌创业园"、上海时尚之都促进中心、上海工艺美术设计服务平台等项目建设。探索推进上海市与中国轻工业联合会合作，促进上海时尚消费品产业新发展。加强传统经典文化与现代时尚元素的结合，聚焦服装服饰、美容化妆品、工艺美术、珠宝首饰、家具家居、智能穿戴、时尚数码消费品等领域，以时尚设计为引领，通过开放引进和本土原创培育，以信息化和智能制造为支撑，发展多样化的时尚产品、个性化订制和品牌体验，引领低碳、绿色、健康、智能、时尚的生活方式。推进具有中国文化和上海创意特点的国际"时尚之都"建设，支持和鼓励多元投资主体开展时尚地标、时尚人物、时尚品牌、时尚平台和时尚事件等要素资源的整合，推动时尚产业与相关产业全方位、深层次融合发展；面向市民提升生活品质的消费需求，以"海派时尚"特色吸引消费，形成具有影响力的国际时尚体验消费中心；优化提升时装周、服装节、艺术节、电影节等一批大型时尚相关活动质量；提升艺术衍生品设计水平，逐步构建完整的文化创意衍生品产业链；加快培育行业中介组织，建设行业公共服务平台。

紧紧抓住上海迪士尼乐园等重大项目建成契机，发挥品牌效应，以文化创意促进旅游休闲消费水平的创新提升。推进具有上海本土文化基因的旅游休闲消费业态发展，结合旅游体验，促进上海非物质文化遗产的生产性保护和文化资源的开发利用。提升上海文化创意产业园区、街区的旅游体验功能，推进文化创意旅游小（村）镇的布局和建设。以市场需求为导向，重点发展以传统中医文化为创意内容的健身养生产业，注重新产品、新模式、新技术的开发应用，形成带动体育产业、保健器材制造业、保健品生产业等的发展联动。

（四）文化艺术与咨询服务

重点发展电影产业和演艺业。聚焦电影全产业链发展，提升上海电影在制片、发行、放映、后期制作的产业能级，以构建国际化电影生产大基地、大市场为目标，使上海形成电影企业集聚、产业链完整、具有国际影响力的电影产业重镇。加快推进环上大国际影视园区、上海影视文化产业园、车墩影视拍摄基地二期等重点项目建设。推动上影集团成为多片种繁荣、产业链强化、创作能力领先、市场竞争力领先、国际影响力领先的现代影业集团。大力扶持民营电影企业诞生和成长，扩大电影生产规模。加强对国有文艺院团的绩效考核，努力创作反映现当代生活的剧目和曲目，切实推动上海各类剧种演出繁荣发展。培育具有发展潜力的民营院团、民营演出公司与民间制作团队，鼓励民营演艺机构在体制、机制、融资方式、运营模式上进行探索创新。推进环人民广场剧场群、静安戏剧谷、徐汇滨江剧场群、长宁缤谷戏剧带、外滩源剧场群等建设，加快形成大型演艺集聚区。

提高主流媒体传播力、公信力、影响力和舆论的引导能力，完成解放日报、文汇报、新民晚报、上海广播电视台等传统主流媒体整体转型，优化采编流程，创新表达方式，拓展传播渠道，形成澎湃、上海观察、界面、看看新闻网和阿基米德等新媒体品牌产品。打造上海出版品牌，建立精品迭出、立体多样的出版传播体系，构建全媒体出版创新体系，巩固数字出版全国领先地位，提高上海出版在国内外的影响力。发挥世纪出版集团在上海出版领域的行业引领地位,大力培育阅文集团等民营企业。加大版权保护力度,加强国家版权贸易基地建设,盘活版权交易,营造良好的产业发展环境。发挥上海网络视听新媒体产业的既有优势,提升网络视听新媒体企业的创意创新、节目生产、制作和交易能力,推动喜马拉雅、蜻蜓等新兴网络媒体快速发展。以中国(上海)网络视听产业基地建设为抓手,争取2~3家全国性企业集团将核心业务落户上海,将上海打造成为中国网络视听内容产业的生产中心。

以广告创意策划为核心,发展广告延伸服务,实现广告产业链上、中、下游高度聚集,打通产业链关键环节,推动广告全产业的良性循环和发展。拓展培育基于移动媒体、数字视频、互联与移动互联为传播技术的新型广告媒介和新型广告发布平台。提升广告服务水平和价值,促进新型广告技术的应用。搭建国际交流平台,依托行业协会推动多渠道多层次合作。促进校企合作联动,关注复合型广告人才的培养。提升会展设计在专业会议、展览会、博览会、重要节日和大型赛事活动等方面的创意策划能力和综合服务水平。结合上海智慧城市建设,加强会展设计的信息化技术应用,逐步完善包括会展视频统计系统、会展手机支付系统、会展场馆定位讲解系统等信息化服务手段,全面提升会展服务的信息化水平。依托国家会展中心等重点会展设施,通过创意设计进一步提升展览展示水平,打造世界一流的国际会展之都。

加强智库建设和专业化咨询服务,认真落实《关于加强中国特色新型智库建设的意见》精神,不断推进上海新型智库建设,搭建智库思想创造、智库优秀成果传播、高端智库人才聚合和智库研究与决策需求对接的平台,推动上海智库服务能力整体提升。根据企业规模、目标市场、专业领域、发展方式,促进不同领域、不同层级的咨询机构发展，实现专业化分工。配合政府职能转变，重视政府及社会管理机构的咨询，进一步加强商务咨询、科技咨询、社会科学咨询的建设。充分利用上海信息优势，将信息技术与咨询服务相融合，提供基于互联网的高水平咨询与服务。

三　重点举措

（一）推进文化创意产业与科技融合发展

围绕上海建设具有全球影响力的科技创新中心要求，建立健全文化创意与科技创新协同发展的工作机制，加强文化生产、传播、展现、消费等环节的技术攻关力度，加大市级重点文化工程的科技支撑强度，推进张江国家级文化和科技融合示范基地等集聚区的建设，促进文化创意与科技创新深度融合。推进数字家庭与超高清电视关键技术研发与应用，建成国内首个4K超高清电视广播试验播出网，推动中国标准参与全球下一代广播电视标准竞争。加快三网融合步伐，支持杨浦全国NGB－W示范区和技术实验室等平台建设，促进传统媒体与新媒体融合发展。把握虚拟现实（VR）与增强现实（AR）产业发展机遇，提升计算机视觉与图形学、传感器、网络通信、新型显示、人机交互等领域的核心算法和技术水平，支持研发具有自主知识产权的软硬件产品与内容制作平台，推进虚拟现实技术与电影、电视、游戏、设计、医疗等产业领域的有机融合，培育在国内具有影响力的虚拟现实特色产业园区，加快打造产业生态圈。大力发掘文创产业大数据应用价值，形成满足政府需要，符合产业需求的数据决策、监管、评估系统。鼓励企业用好高新技术企业认定、研发费用加计扣除等政策，建立健全"孵化+创投"的创新培育体系，营造文化创意与科技创新融合发展的良好环境。

（二）推进文化创意产业与制造融合发展

充分发挥文化创意促进制造业新产业、新业态、新技术、新模式发展的作用，推动传统制造向"智能型制造、服务型制造"方向发展，促进制造业供给侧结构性改革。聚焦战略性新兴产业和高端装备制造业，围绕新能源汽车、大飞机、航空发动机及燃气轮机、高技术船舶和海洋工程装备、轨道交通装备、智能电网成套装备、工程机械、印刷机械、数控机床、医疗器械等领域，提升总体设计、系统集成、试验验证、应用转化能力，加强产品和关键性零部件的外观、材料、结构、功能和系统设计。推进上汽集团自主品牌汽车设计研发中心二期、上海电气F级重型燃气轮机设计研制等项目建设。促进消费品产业顺应市场需求和现代生活方式，融入传统文化和现代时尚元素，重点在工艺美术、智能家居、服装服饰、智能穿戴、包装印刷及养老用品和服务等领域，强化创意设计在产品创新、品牌建设、营销策划和质量管理等方面的作用，提高产品附加值，提升产业竞争力。加快推进国际高科技文化装备产业集聚区建设，形成具有上海特色的文化装备品牌。加快各领域数字化、信息化进程，推进协同设计信息化平台建设，实现企业内或上下游企业间研发设计与生产制造、销售管理等环节的综合集成。

（三）推进文化创意产业与金融融合发展

发挥文化金融合作联席会议制度的统筹协调作用，完善文化金融合作机制，拓展文化金融合作渠道，优化文化金融合作环境，促进文化创意产业和金融业全面对接。发挥市级文化创投风险引导基金的撬动作用，鼓励有条件的区县设立区县级文化创投风险引导基金，吸引更多的社会资本参与本市文化创意类企业的早期风险投资。鼓励私募股权投资、创业投资等各类投资机构投资文化创意和设计服务领域。鼓励金融机构建立专门服务文化产业的专营机构、特色支行和文化金融专业服务团队，提高文化金融服务专业水平。发展文化小额贷款公司，拓宽中小微文化创意企业的融资渠道和模式。推动徐汇、虹口等区（县）率先创建国家文化金融合作试验区，在试验区内推动体制机制和产品创新试点，集聚一批专业化文化金融服务机构。发挥上海市创意（设计）产业投融资基金联盟作用，整合相关资源，形成包括银行、担保机构、投资基金、众筹众包等多源的投融资体系。

（四）推进文化创意产业与贸易融合发展

依托上海自贸区建设，推进文化市场扩大开放，鼓励中华文化和原创文化创意类产品走出去，力争在"一带一路"国家战略中发挥更大的作用。通过政策引导、资金扶持等方式，鼓励各类文化创意类行业协会、龙头企业等参加海外重点展会，开拓海外市场和渠道，支持优秀的文化创意产品和服务走向国际主流市场，支持外向型文化创意类企业通过新设、收购、合作等方式对外投资，在境外收购文化企业、演出剧场和文化项目实体，在境外设立演艺经纪公司、艺术品经营机构、文化经营机构等。加强国家对外文化贸易基地建设，培育和认定一批在文化贸易领域具有代表性和引领性、具有一定出口规模、出口潜力较大的对外文化贸易示范基地和交易平台。广播影视节目（作品）的制作和发行等文化服务出口利用好增值税零退税的退（免）税政策，通过提升语言服务的专业化、市场化和标准化来带动本地文化创意产品和服务的国际化水平。

（五）推进文化创意与城市宜居相关产业融合发展

推进文化创意与旅游、体育、都市农业等融合发展，提升上海城市形象的国际影响力和美誉度。依托全市各类文化创意资源，加强文化体验与旅游消费结合互动，发展文化时尚旅游、都市风情旅游、工业旅游、红色旅游等，提升传统旅游路线的文化创意内涵。加强旅游纪念品开发的文化创意内涵，发展收藏鉴赏、品茗阅读、花鸟养趣、饮食养生、运动健身等领域。挖掘上海城市体育文化元素，打造以赛事策划、体育出版、体育影视、体育传播、电子竞技和体育文化演出为主要内容的体育产业集群。办好上海ATP1000网球大师赛、F1中国大奖赛、国际田联钻石联赛、上海国际马拉松赛等重大赛事，培育、引进一批国际水平的体育项目和赛事品牌。围绕农业生产过程、农民劳动生活和农村风情风貌，打造集农业观光、体验、科教及文化传承于一体的农业旅游集聚区。推进农产品地理标志商标的注册和推广，建立农产品电子商务、追溯体系，促进产销对接和产业升级。

优化人居环境质量，突出地域特色，完善优化功能，提升文化品位。加强城市规划、景观风貌规划、建筑和室内装饰设计，提高园林绿化、城市公共艺术的设计质量，建设功能完善、布局合理、形象鲜明的特色文化城市。强化城乡统筹发展，推进新型城镇化、特色产业小镇和美丽乡村建设。加强对历史文化名镇（村）、文物保护单位、传统村落和历史建筑的保护，加大历史文化风貌区保留保护力度，推进旧区成片保护改造试点。推进技术传承创新，发展绿色节能建筑，鼓励装饰设计创新，引领装饰产品和材料升级。

（六）推进文化创意领域大众创业、万众创新

推进开放型众创空间建设，推进文化创意领域大众创业、万众创

新。依托全市文化创意产业园区、商务楼宇、高校院所等资源，着力打造线上线下联动的低成本、便利化、全要素、开放式的众创空间。出台推进文化创意领域众创空间发展的相关政策，重点培育一批富有活力的创新型企业；支持文化创意领域众创空间发展的平台和通道建设，引导各类众创空间为创新创业主体提供创业辅导、法律、财务、人力、投融资、知识产权、品牌建设、研发测试等专业服务；支持有条件、有经验的市场主体推出以文化创意和设计服务为特色的创新创业大赛和奖项；推进众创空间创新创业成果的产业化，营造创新主体、创新要素、创新人才充满活力的众创环境。

围绕"产业联盟＋产业基地＋产业基金＋产业人才基地"模式，激发企业创新活力。推动上海文化创意企业跨地区、跨行业、跨所有制兼并重组；促进小微文化创意企业向"专、精、特、新"方向发展，形成核心技术和自主知识产权；鼓励微创新、草根创新、共享式创新，促进创新创意企业快速成长；支持科研院校师生创业，鼓励社群型文化创意小微团队发展。创新产业推进和企业扶持方式，通过投资基金、引导基金、众筹众包等方式对文化创意企业予以支持；支持行业协会发挥行业组织、服务、自律和协调功能。依托上海智慧城市建设，适应移动互联网时代的文化创意产业发展需求，运用虚拟现实、数据挖掘、模型分析等新一代信息技术，提高文化创意产业信息化水平。对接"互联网＋"行动计划，围绕"物联网"深耕细作，聚焦高速网络、智能终端、应用软件、共享平台、M2M 和频谱经济等方向，引导文化创意企业加大创新力度，构建分工明确、有序竞争、协同发展的智慧型文化创意产业创新创业生态。

（七）推进文化创意产业多层次品牌体系建设

把握上海加入联合国创意城市网络契机，塑造"创意上海"

城市大品牌，通过对文化创意产业领域品牌园区、品牌地标、品牌企业、品牌活动、品牌产品、品牌人物等的打造，充实"创意上海"品牌内涵，展示上海全球创意城市的国际形象。对接上海城市功能区域建设，塑造文化创意产业品牌；依托"江南智造"、中国（上海）网络视听产业基地等国家级产业集群品牌的建设，发挥品牌辐射力和带动力。实施品牌价值提升工程，鼓励企业制定实施品牌发展战略，继承发扬海派文化内涵，打造一批形象优质的文化创意企业和产品品牌。依托金融等各类要素服务，形成市场化的文化创意产业品牌价值发现、交易机制，促进上海"品牌之都"建设。

推进文化创意产业园区实施品牌化、特色化和连锁化发展战略，促进园区发展提质增效。推动形成主题突出、特色鲜明的文化创意产业品牌园区；推动园区品牌输出，鼓励连锁化发展，形成示范效应和规模效应，发挥其服务全国的功能；推动环高校和科研机构的原生态文化创意产业集聚区的集群化发展，形成与创意城市相适应的创意集群；推动街区、社区和园区融合发展，倡导园区节能环保、绿色发展理念，形成产城融合发展新模式。重视以先进信息技术为支撑的、与产业发展相关的网络平台建设和虚拟空间打造，推进品牌园区"飞地式"空间、专业化虚拟空间、要素集聚的网络空间等三类平台型虚拟空间建设，促进园区物理载体与网络平台良性互动，探索文化创意产业园区发展新模式。

（八）推进文化创意产业公共服务平台建设

推动市级服务平台类项目建设，鼓励平台专业化发展，发挥平台的资源整合和服务能级，吸引更多细分领域文创企业利用平台，降低产品开发和市场拓展成本，促进文创企业发展。聚焦影视业、艺术品市场、时尚产业、品牌建设、工艺美术品等具有良好市场前景的文化创意细分领域，建成 10~15 个集创意创新、商贸、教育、会展等功能于一体的整合服务平台，推进上海影视金融交易中心、世界手工艺产业博览园、上海工美艺术品交易中心等平台建设。提升现有文化创意产业公共服务平台功能，打破部门分割，围绕产业发展需求，通过主动协同创新，部署研发、生产、技术、咨询、交易、展示、评估、流通、服务等各类要素平台建设，在上海经济体系大循环中发挥产业发展的引领功能。发挥文化产权交易所、国家文化贸易基地、国家版权服务基地、中国工业设计研究院等国家级平台的专业化功能，着力提升平台的社会化服务水平和适应市场发展的能力。

（九）推进文化创意产业国内外合作交流

主动服务国家"一带一路"建设、长江经济带等发展战略，实现上海文化创意产业跨区域大循环。发挥上海创意设计、咨询服务、广告会展等优势产业的溢出功能，服务长三角，辐射全国。发挥上海工业设计优势，重点推进"设计立县"服务项目；发挥上海智库优势，进一步加强商务咨询、科技咨询、社会科学咨询服务功能；发挥上海信息化优势，提供网络信息技术服务。开展国际文化创意产业交流合作，提高中国上海国际艺术节、上海国际电影节、上海电视节、上海国际音乐节等重大文化活动举办水平，吸引更多国内外优秀作品参展。办好上海双创活动周、上海设计之都活动周、国际跨媒体技术装备暨 NABSHOW 全球展、上海书展、上海艺术博览会、中国国际数码互动娱乐展览会、中国国际动漫游戏博览会、上海国际时装周、上海国际室内设计节等重大文创展览展示活动，展示各领域前沿发展成果，促进产业互动交流与合作对接，激发产业活力。进一步推进上海设计走出去计划，加强与伦敦设计节、法兰克福消费品展、爱丁堡艺术节、纽约时装周、纽约设计节等的联动，开展"上海－纽约"创意设计对话活动，深化"上海·佛罗伦萨——中意设计交流中心"佛罗伦萨基地和上海基地建设。

（十）推进"十、百、千"产业载体建设工程

顺应城市规划空间调整战略，坚持市区联手、区域联动，着力文创产业载体的众创功能建设和公共服务、品牌内涵提升，实施"十、百、千"产业载体建设工程，即建设国家对外文化贸易基地、中国工业设计研究院等十余个国家级文化创意产业基地，上海张江文化产业园区、八号桥等百余个市级文化创意产业园区，上海国际时尚创意楼宇、方糖小镇等千余个文化创意楼宇和众创空间，构建基地、园区、楼宇、众创空间等互为补充的产业载体布局，提升文创产业集聚发展效应，形成"一轴、一带、两河、多圈"产城融合发展新态势。

拓展"一轴"功能，西起朱家角、虹桥商务区，东经浦东金桥、张江，延伸至国际旅游度假区，进一步完善横贯上海东西向轴线上的城市文化设施、创意产业园区布局，重点打造大虹桥会展产业园区、虹桥时尚创意产业集聚区、江宁路文化街区、环人民广场剧院集聚区、国家数字出版基地、上海迪士尼国际度假区等产业集群。形成"一带"新经济圈，抓住"中环"和"外环"附近工业用地"退二进三"和"外环沿线区域生态经济圈"建设契机，把握老厂房、老大楼、老仓库等遗留建筑相对集中特点，推进金领之都、创智天地、长江软件园、环上大国际影视园区、越界创意园等园区建设，呈现产城融合新亮点。丰富"两河"内涵，在沿黄浦江和沿苏州河文化创意集聚带基础上，推进中国（上海）网络视听产业基地、西岸传媒港、世博城市最佳实践区、杨浦滨江文创产业带、普陀长风文化生态

园等园区建设,深化时尚休闲、文化展示、创意设计、娱乐观光等功能。深化"多圈"层级,结合城市商业副中心和特色小镇、文化旅游区域建设,形成文化创意产业"多圈"集聚,发挥国家音乐产业基地、环同济设计创意产业集聚区、国家绿色创意印刷示范园区、复旦软件园、中广国际广告创意产业园等园区的产业集聚效应。

四 保障措施

(一)加强组织领导和推进机制

进一步发挥上海市文化创意产业推进领导小组领导统筹作用,充分发挥各成员单位职能,加强上海市文化创意产业发展的规划、计划的实施、政策创新、公共平台建设和重大项目推进等工作,进一步提高文化创意产业财政扶持力度。

进一步优化市区两级统筹兼顾、职责明晰的工作机制,发挥各区主战场作用。引导各区紧密结合区域经济发展特色,出台促进文化创意产业发展的规划、计划、财政扶持政策、园区管理办法等,深化载体和重大项目建设,开展各具特色的文创活动,积极打造区域特色文化创意产业。充分发挥好文化创意产业领域相关行业协会、产业联盟、社会团体、文创园区在整合行业资源、协调行业利益、加强行业自律等方面的重要作用,共同促进文化创意产业的健康快速发展。

(二)加大政策落实和创新力度

贯彻落实国家和上海市促进文创产业发展的各项政策意见。根据文化创意产业特征,加强政策调研,制定完善有利于文化创意产业发展的专项政策。落实文化创意领域税收优惠、高新技术企业认定、项目用地、对外贸易、人才引进等方面的优惠政策。加强政策的解读和宣传推广,加强政策执行过程中的统筹协调。

加大市、区两级文创产业扶持资金投入力度,进一步发挥文创资金杠杆撬动作用,聚焦文化创意产业重大、关键和基础性项目,注重支持产业创新模式的发掘,鼓励跨界融合发展,扶持企业的技术创新和模式创新,消解科技成果转化的阻碍,注重对民营和小微企业倾斜扶持,支持创新创业,推动民营经济释放活力。

(三)加强产业人才队伍建设

强化服务导向,营造有利于文化创意产业创新型人才健康成长、脱颖而出的制度环境。积极推进产学研用合作机制,探索学历教育与职业培训并举、文化创意与经营管理结合的人才培养新模式,加快培养高层次、复合型人才。扶持相关行业协会、文创园区、龙头企业、高校及科研机构共同建立文化创意设计人才培养基地。加大核心人才、重点领域专门人才、高技能人才和国际化人才的培养和扶持力度,积极用好各类引才引智政策,造就一批领军人才。

推进世界手工艺教育联盟落户上海,推进文创产业领域大师工作室建设,开展上海市工艺美术大师、青年高端创意人才、优秀女设计师、上海文化企业十强十佳、上海文化创业年度人物等评定推选工作,在各类大赛、评比、展示中发掘人才。按照国家有关规定落实国有企业、院所转制企业、职业院校、普通本科高校和科研院所创办企业的股权激励政策,鼓励文创企业高端人才参加职业技能鉴定和职称评定。

(四)优化产业发展市场环境

营造公平、开放、透明的市场环境,加强政府服务创新,增强市场主体创新动力，发挥市场配置资源的决定性作用。开展国有龙头文化创意企业创新转型试点，探索政府支持企业技术创新、管理创新、商业模式创新的新机制；完善中小企业创新服务体系，打破制约创新的行业垄断和市场分割。加强对本市文化创意产业发展动态与成果、人才、企业等方面的积极宣传，提高社会对文化创意产业的关注度，营造良好发展氛围。

实行严格的知识产权保护制度，完善知识产权保护相关法律，研究降低侵权行为追究刑事责任门槛，调整损害赔偿标准，探索实施惩罚性赔偿制度。研究商业模式等新形态创新成果的知识产权保护办法，将专利、版权等侵权行为信息纳入市公共信用信息服务平台，提高版权保护对文化创意产业发展的保障作用。

五　本章小结

本章总结了上海相关部门颁布实施的关于文化创意产业的政策措施，基于现有的相关政策，以及本课题所研究的主要内容，给出了本课题组关于上海文化创意产业进一步发展的主要任务、重点举措和保障措施等。课题组期望也相信本课题研究能够为上海创意经济的发展贡献绵薄之力。

后　记

《创意经济：上海经济增长新动能》是上海研究院（中国社科院和上海市政府共同组建）委托中国社会科学院财经战略研究院的课题——"把创意经济培育为上海经济增长新动力"的最终研究成果。课题主持人夏杰长研究员统筹了课题研究安排及本报告撰写框架，并撰写了部分章节。中国社会科学院财经战略研究院姚战琪研究员、李勇坚研究员、刘奕副研究员、张颖熙副研究员、魏翔副研究员、刘维刚博士后，深圳思贝克集团刘晓东先生，上海大学殷凤教授、杨玲副教授，中国教育科学研究院赵晶晶副研究员、中国社会科学院经济研究所倪红福副研究员参与了本课题研究。刘维刚博士后和刘晓东先生对初稿做了大量校正和修订工作，并协助课题负责人对全书统稿。中国社会科学院研究生院的博士生徐金海、王俊、王欠欠、吕腾捷，北京体育大学讲师齐飞博士，北京师范大学博士生丰晓旭在搜集资料和数据处理方面提供了帮助。我要感谢他们的努力和付出！

本报告由七章构成，在课题组负责人统筹安排下，由多名课题组成员分工完成。具体写作分工如下：夏杰长负责第2章、刘维刚负责第1、3、7章，刘晓东负责第4、5章，殷凤和杨玲负责第6章。

后 记

课题组感谢上海研究院、上海市发展改革委员会、上海市文化创意产业推进领导小组办公室、上海市张江高科技园区管理委员会、国家版权贸易基地（上海）等机构和单位在调研过程中给予的大力协助和支持。课题报告在撰写和评审中还得到了上海社会科学院花建研究员、上海交通大学陈宪教授、国家发改委产业与技术经济研究所副所长姜长云、中国社会科学院文化研究中心张晓明研究员、中国国际经济交流中心王晓红教授的指导和建议。他们的一些意见被吸收到研究报告之中，让我们的研究报告更加饱满。上海研究院常务副院长文学国教授对本报告的完成提供了许多帮助，他的督促是本报告基本如期完成的重要原因。

创意经济在新旧动能转换中发挥了极为重要的作用，正在成为大城市经济增长的新亮点。我们寄希望通过这个重要议题的研究，为推动城市经济高质快速发展和寻找新的发展动能提供一种新的思路。这部报告不是一本纯学术著作，而是一部立足于学术支撑和实地调研的"智库报告"。我们的初衷是通过这部智库报告的写作，发现问题和提出解决问题的思路与方案。哪怕是有启发的政策建议，都会让我们的研究有所收获，"物有所值"。当然，目前的研究还只是初步的，许多问题尚处于初探阶段，难免有纰漏之处，敬请广大读者和业界朋友批评指正，共同把创意经济研究推向新的高度。

2017 年 11 月 25 日于北京

图书在版编目（CIP）数据

创意经济：上海经济增长新动能 / 夏杰长，刘维刚，刘晓东编著. -- 北京：社会科学文献出版社，2017.12

（上海研究院智库报告系列）

ISBN 978-7-5201-1522-3

Ⅰ.①创… Ⅱ.①夏… ②刘… ③刘… Ⅲ.①区域经济发展-研究-上海 Ⅳ.①F127.51

中国版本图书馆 CIP 数据核字（2017）244500 号

·上海研究院智库报告系列·
创意经济：上海经济增长新动能

编　　著 / 夏杰长　刘维刚　刘晓东

出 版 人 / 谢寿光
项目统筹 / 任文武
责任编辑 / 杨　雪

出　　版 / 社会科学文献出版社·区域与发展出版中心（010）59367143
　　　　　 地址：北京市北三环中路甲29号院华龙大厦　邮编：100029
　　　　　 网址：www.ssap.com.cn

发　　行 / 市场营销中心（010）59367081　59367018

印　　装 / 北京季蜂印刷有限公司

规　　格 / 开　本：787mm×1092mm　1/16
　　　　　 印　张：13.5　字　数：173千字

版　　次 / 2017年12月第1版　2017年12月第1次印刷

书　　号 / ISBN 978-7-5201-1522-3

定　　价 / 68.00元

本书如有印装质量问题，请与读者服务中心（010-59367028）联系

▲ 版权所有 翻印必究